DIETRICH BEIER

Die Theorie der peripheren Wirtschaft nach Raúl Prebisch

Wirtschaftswissenschaftliche Abhandlungen

Volks- und betriebswirtschaftliche Schriftenreihe der
Wirtschafts- und Sozialwissenschaftlichen Fakultät
der Freien Universität Berlin

herausgegeben von

Dr. Dr. h. c. Dr. h. c. Erich Kosiol
o. Prof. der Betriebswirtschaftslehre

und

Dr. phil. Andreas Paulsen
o. Prof. der Volkswirtschaftslehre

Heft 22

Die Theorie der peripheren Wirtschaft nach Raúl Prebisch

und ihre Stellung in der allgemeinen Außenhandelstheorie

Von

Dr. Dietrich Beier

DUNCKER & HUMBLOT / BERLIN

D 188
Alle Rechte vorbehalten
© 1965 Duncker & Humblot, Berlin 41
Gedruckt 1965 bei Berliner Buchdruckerei Union GmbH., Berlin 61
Printed in Germany

Vorwort

Einige Kernprobleme des als Arbeitsgrundlage für die *United Nations Conference on Trade and Development* geltenden Prebisch-Berichtes bilden den Ausgangspunkt für die vorliegende Studie, die den Versuch darstellt, das von Raúl Prebisch entwickelte Konferenzprogramm zu analysieren und seine theoretischen Aspekte in den Rahmen der allgemeinen Theorie einzufügen.

Der Verfasser bedankt sich an dieser Stelle für die wertvollen Erkenntnisse, die er dazu aus Gesprächen mit den persönlichen Mitarbeitern Prebischs in Genf gewinnen konnte. Ein besonderer Dank gilt auch seinen Lehrern an der Freien Universität Berlin, die das Vorhaben durch ihre Anleitung und Kritik entscheidend gefördert haben. Der Stiftung Volkswagenwerk sei für die großzügige Hilfe gedankt, die dem Verfasser im Rahmen der Doktorandenförderung gewährt wurde.

Berlin, im September 1965

Dietrich Beier

Inhalt

1. **Einleitung** 9
   1.1. Planung oder Spontaneität der Entwicklung? 9
   1.2. Hinweis auf die theoretische Anlage der Ausführungen 10

2. **Außenhandel und Entwicklung** 11
   2.1. Theorien des Außenhandels 11
      2.1.1. Die Theorie der komparativen Kosten und ihre Weiterentwicklung 11
      2.1.2. Die Theorie der „Ausnutzung von Überschüssen" 17
      2.1.3. Die Theorie der dominierenden Wirtschaft 20
   2.2. Demonstration der strukturellen Entwicklung am Modell einer geschlossenen Wirtschaft 23
      2.2.1. Algebraische Lösung 23
      2.2.2. Geometrische Lösung 27
   2.3. Die Theorie der peripheren Wirtschaft 33
      2.3.1. Annahmen und Begriffe 33
      2.3.2. Der technische Fortschritt 36
      2.3.3. Die Analytik der Arbeitsüberschüsse 37
      2.3.4. Industrialisierung trotz niedriger Importpreise? 39
      2.3.5. Die Analytik des Allokationsgleichgewichtes 41
         2.3.5.1. Grundlegung und Annahmen 41
         2.3.5.2. Allgemeine Lösung 44
         2.3.5.3. Spezielle Lösung 48
         2.3.5.4. Das Allokationsgleichgewicht in einer geschlossenen Wirtschaft 49
         2.3.5.5. Das Allokationsgleichgewicht in einer offenen Wirtschaft 51
      2.3.6. Darstellung des Transferprozesses 55
         2.3.6.1. Das Produktivitäts- und Lohnverhältnis 55
         2.3.6.2. Schutzbedürftigkeit und unterschiedliche Produktivität 58
      2.3.7. Die Terms of Trade 59
         2.3.7.1. Das Konzept der Terms of Trade 59
         2.3.7.2. Das „historische" Argument Prebischs 61
         2.3.7.3. Eine zahlenmäßige Demonstration der Entwicklung .. 63
      2.3.8. Der theoretische Lösungsversuch 65
         2.3.8.1. Das Ausgangsmodell 65

    2.3.8.2. Die Wirkung der Einkommenselastizitäten und des technischen Fortschritts 67
 2.4. Die Theorie des Verelendungswachstums 71
   2.4.1. Das Konzept des „immiserizing growth" und die Modellannahmen 71
   2.4.2. Die außenhandelstheoretische Darstellung 72
   2.4.3. Formulierung des Verelendungskriteriums 75
   2.4.4. Prüfung des Kriteriums 77
 2.5. Würdigung der Modellergebnisse 81

3. Schlußfolgerungen 84
 3.1. Wirtschaftspolitische Konsequenzen 84
   3.1.1. Abgrenzung des Problems 84
   3.1.2. Langfristige und kurzfristige Maßnahmen 86
 3.2. Antwort auf die einleitende Frage 89
Literaturverzeichnis 91

1. Einleitung

1.1. Planung oder Spontaneität der Entwicklung?

In der vielfältigen Literatur über die Probleme der wirtschaftlichen Entwicklung der „armen" Länder ist eine exakte Trennung von rein theoretischer Betrachtung und wirtschaftspolitischer Vorstellung nur selten zu beobachten. Allzu leicht erheben die Autoren bestimmte Postulate zum Primat und versuchen, diesen Auffassungen mit Konzepten der reinen Theorie den Rang der wissenschaftlichen Erkenntnis zu verleihen. Es mag dies neben der Uneinheitlichkeit des Erfahrungsobjektes und dem häufigen Fehlen einer echten Zielfunktion der Grund sein, weshalb anerkannte theoretische Ansätze oder gar eine geschlossene Entwicklungstheorie bislang nicht formuliert werden konnten.

Eine den Politiker interessierende, oft stark präjudizierte Frage wäre, ob die wirtschaftliche Entwicklung den Kräften des Marktes und damit dem spontanen Element anvertraut werden solle oder ob vielmehr eine institutionell geplante Entwicklung vorzuziehen sei. Diese Alternative von Spontaneität oder Planung des Entwicklungsprozesses glauben einige Schulen eindeutig beantworten zu können, wobei sich die Autoren über ein gewisses theoretisches Unbehagen hinwegzusetzen scheinen.

Als außenhandelstheoretischer Beitrag zu dieser Problematik sei die vorliegende Arbeit gedacht; Gegenstand der Betrachtung wird der Typ des in die Weltwirtschaft integrierten Entwicklungslandes sein, womit durch die Außenbeziehungen ein theoretisch äußerst schwierig zu handhabendes Moment in die Analyse gelangt. Der Grund dafür liegt in der Tatsache, daß das Entwicklungsland selbst nur die eine Seite seiner Außenbeziehungen, nämlich den Import, direkt kontrollieren kann, während sich die Nachfrage des Auslands der direkten Kontrolle der Entwicklungswirtschaft entzieht und damit als unbeeinflußbare Größe gilt. Der hohe Anteil des Außenhandels am Sozialprodukt vieler Entwicklungsländer mag die gewählte Problemstellung rechtfertigen, die die Außenbeziehungen als Ansatz zur Beantwortung der Frage nach spontaner oder geplanter Entwicklung betrachtet. Der vorliegende Versuch setzt sich das Ziel, mit den Mitteln der modernen Analytik eine theoretische Abwägung der vorherrschenden extremen Meinungen zu ermöglichen, namentlich jenen, die an den gegebenen Strukturen festhalten und das überkommene „Denken an der Grenze" als ausreichend für eine wirksame Entwicklungspolitik ansehen, und jenen, die eine zentrale Planung mit dem Ziel durchgreifender Umstrukturierung befürworten.

1.2. Hinweis auf die theoretische Anlage der Ausführungen

Einleitend seien einige Hinweise auf die theoretische Anlage der Untersuchung erlaubt. Die konventionelle Außenhandelstheorie in der Version des Heckscher-Ohlin-Theorems soll in ihrer Bedeutung für den Entwicklungsprozeß kritisch gewürdigt werden, um ihre Grenzen und die Ansätze einer möglichen Neufassung aufzuzeigen. Ergänzend soll ferner die theoretische Variante der auf Adam Smith zurückgehenden Konzeption vom Außenhandel als „Ventil" für vorhandene Überschüsse auf ihre Gültigkeit für die Entwicklungsländer geprüft werden. Der anschließende Hinweis auf die Theorie der dominierenden Wirtschaft, die sich des stark erklärungsbedürftigen Machtphänomens als Ansatzpunkt bedient und bei einer Reihe von Autoren durchaus als Theorie Anerkennung findet, soll dazu führen, mit analytisch schärferen Instrumenten an das vermeintliche Problem der „Domination" heranzugehen. Zu diesem Zweck soll im zweiten Abschnitt das Modell einer vorerst geschlossenen Wirtschaft dargestellt werden, um die Wirkung einer Erhöhung des Faktorangebots auf die Struktur einer Entwicklungswirtschaft zu demonstrieren. Die Frage, ob sich bei „Öffnung" der Wirtschaft dann ebenfalls eine Umstrukturierung als Folge einstellt oder aber bei „spontaner" Entwicklung Einbußen auftreten, steht im Mittelpunkt der in Kapitel 2.3. behandelten Theorie der peripheren Wirtschaft nach Raúl Prebisch. Das Terms of Trade-Problem wird hierbei eine zentrale Rolle spielen und deshalb einer genaueren theoretischen Erläuterung bedürfen.

Im letzten Kapitel wird eine Übertragung der gewonnenen Erkenntnisse auf die moderne Außenhandelstheorie vorzunehmen sein. Die Ableitung eines quantitativen Kriteriums für das zur „Verelendung führende Wachstum" eines Entwicklungslandes und die Formulierung der Modellergebnisse bilden den Abschluß der theoretischen Darlegungen. Unter Anknüpfung an die eingangs gestellte Alternative von Planung und Spontaneität der Entwicklung seien in einem Schlußwort die wirtschaftspolitischen Folgerungen gezogen und an Hand der Modellerkenntnisse ein Ausblick auf die Wirtschaftsordnung der Entwicklungsländer gegeben.

2. Außenhandel und Entwicklung

2.1. Theorien des Außenhandels

2.1.1. Die Theorie der komparativen Kosten und ihre Weiterentwicklung

Die Vertiefung und Reformulierung des klassischen Ansatzes der Außenhandelstheorie Ricardos verdanken wir der Arbeit von Ohlin[1] und Heckscher[2], deren Theorem als Ausgangspunkt für die vorliegende Diskussion gelten soll. Das erkenntnistheoretisch Neue an ihrer Darstellung ist die Unterscheidung von Ursachen und Grundlagen des internationalen Handels, so daß sich die Frage, warum überhaupt Handel getrieben werde, nicht mehr, wie es Ricardo vorschlägt, nur auf die Ursachen, sondern vielmehr auf die Grundlagen des Handels richtet. Als Ursache wäre in klassischer Formulierung die Ungleichheit der relativen Güterpreisverhältnisse in den beteiligten Ländern anzusehen, womit die entscheidende Annahme für die Theorie der komparativen Kosten gegeben ist. In Fortführung dieses Gedankens bezeichnet Ohlin die in den Teilnehmerländern anzutreffende relative Faktorausstattung als die Grundlage des internationalen Handels, mit deren Hilfe die Ungleichheit der relativen Güterpreise zu erklären sei.

Da das Ohlin-Modell alle entscheidenden „neoklassischen" Annahmen enthält, soll der Ansatz hier kurz skizziert werden, um die bedingte Gültigkeit des Theorems für eine moderne Entwicklungstheorie klar herauszustellen. Das übliche Zwei-Länder-Zwei-Güter-Modell berücksichtigt nur die Faktoren Arbeit und Kapital, für die volle Beweglichkeit innerhalb der Länder, jedoch Immobilität zwischen den Ländern A und B angenommen sei. Darüber hinaus sollen die Faktoren in den beiden Ländern jeweils als homogen und in ihrem Angebot als gegeben angesehen werden. Die Produktionsfunktionen für die Herstellung gleicher Produkte in A und B werden als identisch angenom-

---

[1] B. Ohlin, Inter-Regional and International Trade, Harvard University Press, 1933.
[2] E. Heckscher, The Effect of Foreign Trade on the Distribution of Income, in Readings in the Theory of International Trade, A. E. A., Philadelphia and Toronto, 1950. Als Kommentar vgl. u. a.: R. Robinson, Factor Proportions and Comparative Advantage, Quarterly Journal of Economics, May and August 1956.
J. L. Ford, The Ohlin-Heckscher Theory of the Basis of Commodity Trade, The Economic Journal, Vol. LXXIII, Sept. 1963, S. 458—476.

men und implizieren konstante Ertragszuwächse. Ausgehend von einer gegebenen relativen Faktorausstattung ist über vergleichsweise Produktivitätsmessungen in den beiden Ländern die Faktorpreisstruktur zu bestimmen. Die Marktform der vollständigen Konkurrenz auf Güter- und Faktormärkten sowie unbeschränkter und kostenloser Handel[3] ergänzen das „neoklassische" Schema der Modellannahmen.

Die „neoklassische" Außenhandelstheorie sieht in den Preisrelationen im Vergleich zweier Länder im Unterschied zu den Relationen innerhalb eines Landes einen Erklärungswert, denn nur der Vergleich zwischen zwei Ländern ist sinnvoll, während etwa die Aussage, daß in A Arbeit teurer ist als Kapital, ohne Wert sei, denn diese Feststellung kann auch für B zutreffen. Der Klassiker würde also mit der Aussage, A sei relativ gut mit Kapital ausgestattet, meinen, daß in A Kapital billig sei im Verhältnis zu Arbeit in B, womit ausgedrückt wird, daß in B dann Arbeit der relativ billigere Faktor wäre. Die beiden Aussagen, daß A relativ gut mit Kapital und B relativ gut mit Arbeit ausgestattet und die Produktion des Gutes X relativ kapital- und die des Gutes Y relativ arbeitsintensiv seien, genügen, um den Außenhandel in „neoklassischer" Form zu motivieren. Land A wird X und Land B wird Y exportieren, ein Ergebnis, welches dem der klassischen Theorie der komparativen Kosten entspricht. Ohlin erkennt die Differenz der relativen Güterpreise als Ursache oder Anlaß für das Zustandekommen von Außenhandelsbeziehungen, führt sie jedoch auf die unterschiedliche relative Faktorausstattung als Grundlage zurück. Die Argumentation Ohlins sei wie folgt nachvollzogen: Unter der Annahme konstanter Ertragszuwächse sind die Produktionskosten, die bei vollkommener Konkurrenz gleich den Preisen sind, für X und Y in A und B gleich der Menge des Faktoreinsatzes bewertet zu jeweiligen Marktpreisen. Verfügt nun ein Land über ein großes Angebot an Kapital, so soll angenommen werden, daß dieser Faktor dort relativ billig sei, während Arbeit relativ billiger im Lande B sein wird. Daraus folgt direkt, daß A einen komparativen Vorteil in der Produktion des kapitalintensiven Gutes X und B einen solchen in der Produktion des arbeitsintensiven Gutes Y hat, denn die Produktionsfunktionen für X und Y wurden in beiden Ländern als identisch angenommen. Die mengenmäßigen Faktoreinsätze in beiden Ländern sind danach identisch, so daß zur Produktion von X in beiden Ländern mehr Kapital pro Einheit Arbeit erforderlich ist. Ein Unterschied in den relativen Produktionskosten ist also nur nachzuweisen, wenn die Faktorpreise unterschiedlich sind, was wieder auf die als Handelsgrundlage ange-

---

[3] Unter kostenlosem Handel seien Transportkosten von Null verstanden; diese Annahme wäre unter Umständen aus dem „neoklassischen" Modell zu eliminieren, indem die Transportkosten in die Kostenrelationen einbezogen werden.

sehene unterschiedliche relative Faktorausstattung der Länder A und B zurückführt.

Nach dieser zwar nicht erschöpfenden, jedoch die wesentlichen Bausteine des „neoklassischen" Modells berücksichtigenden Darstellung seien einige kritische Aspekte zum Theorem von Heckscher und Ohlin aufgezeigt. Hierbei kann es sich nicht um eine formale Kritik handeln, denn der Modellablauf folgt einer durchaus schlüssigen Deduktion aus den gemachten Annahmen und ist als formal einwandfrei zu bezeichnen. Es kann auch nicht vertreten werden, eine vom Modellablauf her „gute" Theorie mit einer „schlechten" Empirie widerlegen zu wollen, wie es zum Beispiel der in der Literatur als „Leontief-Paradoxon" bezeichnete Test Leontiefs unternimmt. Auf Grund einer empirischen Untersuchung kommt Leontief[4] zu der Feststellung, daß entgegen der Theorie Ohlins der komparative Vorteil im Außenhandel der USA in der Produktion des arbeitsintensiven Gutes und nicht, wie der „neoklassische" Theoretiker vermuten würde, im kapitalintensiven Gut liege. Das bedeutet aber, daß als Grundlage des Außenhandels der USA eine Spezialisierung auf die arbeitsintensive Produktion zu gelten habe, so daß der internationale Handel hier den Einsatz überschüssiger Arbeit und damit eine Einsparung von Kapital bewirken soll. Die Arbeit von Leontief soll an dieser Stelle nicht als Antithese zum „neoklassischen" Theorem herangezogen werden, zumal dies eine Vertiefung der Methodik Leontiefs erforderlich machte.

Ansatzpunkte der Kritik sollen vielmehr die Annahmen bilden, die im Folgenden zu prüfen sind. Es sei vorausgeschickt, daß die kritische Würdigung der Annahmen nicht einfach als eine Beurteilung ihrer Realitätsnähe aufzufassen ist, sondern eine Prüfung ihrer Vereinbarkeit mit den modernen theoretischen Konzepten des Wachstums und der Entwicklung bedeutet. Eine entscheidende, von den Autoren der „Neoklassik" offensichtlich nicht voll in ihrer einschränkenden Wirkung erkannte Annahme liegt darin, daß zum Beispiel der Faktor Kapital dort als relativ billiger gilt, wo die Ausstattung mit diesem Faktor relativ gut ist. Ist in einem solchen Lande die Nachfrage jedoch stärker auf ein Gut gerichtet, welches relativ kapitalintensiv ist, so würde durch den Druck der Nachfrage der Preis des Faktors Kapital erheblich steigen, während durch das Abwenden der Nachfrage vom arbeitsintensiven Gut der Preis des Faktors Arbeit sinken würde. Diese gegenläufige Bewegung kann so stark werden, daß das ursprüngliche, durch die relative Faktorausstattung gegebene Preisverhältnis aufgehoben

---

[4] W. W. Leontief, Domestic Production and Foreign Trade: The American Capital Position Re-examined, Economia Internazionale, 7, 1954, S. 9—38. Vgl. u. a. Charles P. Kindleberger, Foreign Trade and the National Economy, Yale University Press, New Haven and London, 1962, S. 72—78.

und damit Arbeit zum relativ billigeren Faktor wird. Solche Nachfrageeffekte auf das relative Preisverhältnis bleiben im Heckscher-Ohlin-Modell unberücksichtigt; sie sind jedoch, wie später zu zeigen ist, in der modernen Analyse eines Entwicklungsprozesses zu berücksichtigen, was namentlich mit Hilfe der Instrumente der Preis- und Einkommenselastizität der Nachfrage zu erreichen ist.

Weitere limitierende Annahmen von entscheidender Bedeutung betreffen die produktionstheoretischen Grundlagen. Das Heckscher-Ohlin-Theorem unterstellt gegebene, feste Produktionsfunktionen, die in allen Teilnehmerländern identisch sind. Dies bedeutet theoretisch, daß das dynamische Element des technischen Fortschrittes nicht berücksichtigt werden kann und mit gegebenen Faktorintensitäten zu arbeiten ist. Der Einwand G. Haberlers[5], daß technologische Neuerungen analytisch durch eine Nordostverlagerung der Transformationskurve ausgedrückt werden könnten, wäre eventuell bei einem gleichmäßigen Ausbreiten des technischen Fortschritts zu akzeptieren, bedeutet jedoch ebenfalls noch keine Dynamisierung des Modells, welche mit den herkömmlichen methodischen Hilfsmitteln kaum zu erreichen ist. Ähnliches gilt für die Annahme eines fixen Faktorangebots in den beiden Ländern, was die statische Natur der Analyse vollends offenbart.

Eine ausdrückliche Annahme ist weiterhin die Ausschaltung jeglicher Vorteile der Massenproduktion, was analytisch so zu fassen wäre, daß sich die Produktionselastizitäten, dargestellt durch die Exponenten der Faktoren in einer Produktionsfunktion vom Typ Cobb-Douglas[6], zu 1 addieren müssen. Die Produktionsfunktion

$$P = \beta A^{\alpha} \cdot K^{1-\alpha}$$

impliziert konstante Ertragszuwächse, womit die Möglichkeit für „economies of scale", d. h. ein exponentieller Anstieg der Produktmenge, nicht gegeben ist. Gerade dies ist jedoch eine typische Erscheinung der Produktion reifer Gesellschaften, die als Handelspartner der entwicklungsfähigen Länder gelten müssen.

Unter dem Gesichtspunkt einer derartigen „Zweiteilung" der Welt müssen auch die klassischen Annahmen von völliger Faktorhomogenität und fehlender Produktdifferenzierung als unhaltbar angesehen werden, denn sie haben mit Einschränkungen wahrscheinlich nur in Ländern

---

[5] G. Haberler, International Trade and Economic Development, in Readings in Economic Development, Wadsworth Publishing Company, California, 1963.

[6] P. H. Douglas, Charles W. Cobb, A Theory of Production, American Economic Review, Suppl. 1928, S. 139—165.
Vgl. auch D. Durand, Some Thoughts on Marginal Productivity with Special Reference to Prof. Douglas' Analysis, Journal of Political Economy, Vol. XLV, 1937.

gleicher Entwicklungsstufe Gültigkeit. Alle weiteren Annahmen des „neoklassischen" Modells können zwar nicht als realitätsnäher bezeichnet werden, sind jedoch auch in der modernen Theorie unvermeidbar.

Der erkenntnistheoretische Wert des „neoklassischen" Beitrages zur Außenhandelstheorie ist trotz der Einschränkungen nicht als gering oder gar undiskutabel anzusehen, wenn seine Bedeutung auch primär in lehrgeschichtlicher Sicht zu liegen scheint. Das Heckscher-Ohlin-Theorem der relativen Faktorausstattung als „Triebfeder" des internationalen Handels muß im Rahmen der Methodik und Grundannahmen der Klassik gewürdigt werden, so daß sein Rang als eine „Entwicklungsstufe" der Außenhandelstheorie unbestreitbar ist.

Wird der Kern der Theorie des internationalen Handels als ein Allokationsproblem aufgefaßt, so mag mit den statischen Konzepten durchaus diejenige Faktorallokation zu bestimmen sein, die in einer einzigen Periode eine Maximierung des Außenhandelsgewinnes verspricht. Dieselbe Allokation muß jedoch nicht unbedingt auch im Zeitablauf optimal sein, sondern kann in Mehrperiodenbetrachtung eine „Mißallokation" darstellen. Diese Vermutung liegt umso näher, als die historische Erfahrung eine Vertiefung der Kluft zwischen der durchschnittlichen Einkommenshöhe in den Industrieländern und den Gebieten der entwicklungsfähigen Welt lehrt. Gerade diese sich verstärkende internationale Ungleichheit der Einkommensverteilung, die eine Art internationales Ungleichgewicht darstellt, bleibt aber mit klassischen Mitteln unerklärt. Insbesondere G. Myrdal[7] äußerte den Verdacht, daß die „normale" Entwicklung der durch die Außenbeziehungen in Gang gesetzte kumulative Prozeß, namentlich die „kumulative Kausation" sei, und nicht die von der Klassik unterstellte Tendenz zum Gleichgewicht, denn sie setzt die Gültigkeit des Theorems des Ausgleichs der Faktorpreise voraus. Nach der Darstellung von Samuelson[8] ist die Gültigkeit dieses Ausgleichstheorems die Voraussetzung für eine internationale Angleichung der Einkommensniveaus. Die Vermutung Myrdals erweist sich als theoretisch stark erklärungsbedürftig, so daß im Folgenden mit Hilfe einer auf neuere Konzepte weisenden Fragestellung die alte Auffassung des „development through trade" kritisch zu untersuchen sein wird[9].

Um sich von der statischen Betrachtung zu lösen, erscheint die Frage aufschlußreich, ob eine andere als die von der Theorie der kompa-

---

[7] G. Myrdal, Economic Theory and Underdeveloped Regions, London, 1957.
[8] P. A. Samuelson, International Trade and the Equalization of Factor Prices, Economic Journal, 1948, S. 163—184.
[9] D. H. Robertson, The Future of International Trade, in Readings in the Theory of International Trade (A. E. A.), Philadelphia, 1949.

rativen Kosten geforderte Faktorallokation im Zeitablauf vorteilhafter für das Entwicklungsland wäre. Die dynamische Theorie, die nicht mehr von fixen Produktionsfunktionen und gegebenen Faktormengen ausgehen kann, würde zu fragen haben, wie die Zuwächse an Faktoren auf die Produktion aufzuteilen seien und mit welchen gesamtwirtschaftlichen Zielfunktionen zu arbeiten sei. Gemeint ist die Unterscheidung von Außenhandels- und Wachstumsgewinnen, eine Zweiteilung, die von der Klassik nicht für notwendig erachtet wurde, denn sie nahm an, daß beide Gewinne in ein- und demselben Prozeß zusammenfielen. Einige Autoren, die sich schützend vor die klassische Auffassung stellen, betonen, daß die Klassik diesen dynamischen Aspekt durchaus nicht übersehen habe, sondern ihn als simultan mit dem Außenhandelsgewinn auftretend betrachten wollte. Es werden dabei häufig die von Mill ungenau als „Gewinne höherer Ordnung" bezeichneten Vorteile zitiert, um zu beweisen, daß die neben den reinen Außenhandelsgewinnen entstehenden Wachstumsgewinne bereits erkannt wurden.

Die Behandlung der Wachstumsgewinne kann nicht Gegenstand der reinen Außenhandelstheorie sein, denn das verwendete Modell des Außenhandels enthält keine Annahmen, die eine Aussage über das Wachstum des Volkseinkommens erlauben. Wie G. M. Meier[10] ausführt, kann die klassische Theorie nur das Ergebnis liefern, daß die Realeinkommen der beteiligten Länder „ohne Handel" geringer wären als „mit Handel", womit er zum Ausdruck bringt, daß namentlich von den Wirtschaftshistorikern zu hohe Anforderungen an die reine Außenhandelstheorie gestellt wurden. Die an den Theoretiker gerichtete Frage, warum die ohne Zweifel wachsenden Außenhandelsgewinne pari passu nicht auch zu steigenden Wachstumsgewinnen in den Entwicklungsländern führten, ist einem grundsätzlich anderen Gebiet der Theorie zuzuweisen.

Eine Reformulierung dieses Problems würde lauten, warum der vom Außenhandelsgewinn ausgehende Impuls häufig nicht an die Gesamtwirtschaft weitergegeben werde und dem Außenhandel keine größere Strahlkraft zuzumessen sei. Die Weitergabe eines Impulses, d. h. das Hervorrufen einer Reaktion, ist nur in einem funktionsfähigen System denkbar, welches den Anstoß „verarbeiten" und über funktionierende Binnenmärkte zur Wirkung bringen kann. Diese mehr „beschreibende" als „erklärende" Darstellung führt offensichtlich zu dem spezifisch wirtschaftstheoretisch gefaßten Begriff der Integration[11],

---

[10] G. M. Meier, International Trade and Development, New York and Evanston, 1963, S. 153 ff.
[11] Der hier verwendete Begriff „Integration" ist weder als der in der Soziologie gebräuchliche gesellschaftliche Integrationsbegriff noch im Sinne

einem bislang wenig erschlossenen Gebiet der Wirtschaftswissenschaft. In der Sprache Rostows[12] würde die Bedingung der wirtschaftlichen Integration zu den „preconditions" zu rechnen sein, die das sogenannte „take off" ermöglichen, sofern der Export die Eigenschaft eines „leading sector" aufweise. Damit ist die Frage nach der Strahlkraft des Außenhandels aber mit allgemeinen Konzepten der inneren Entwicklung zu beantworten und für die vorliegende Untersuchung zu vernachlässigen.

2.1.2. Die Theorie der „Ausnutzung von Überschüssen"

Nach der Skizzierung der statischen Theorie der komparativen Kosten in „neoklassischer" Version seien zwei theoretische Versuche erwähnt, die im Hinblick auf die Vereinbarkeit von Außenhandels- und Wachstumsgewinnen für die Entwicklungsländer einen dynamischen Ansatz enthalten. Es handelt sich um die Umwandlung der Theorie der komparativen Kosten in eine Produktivitätstheorie des Außenhandels und um die von dem Burmesen Hla Myint[13] formulierte Theorie des Außenhandels als „Ventil für Überschüsse", die in ihren Grundzügen auf A. Smith zurückgeht.

Als wesentlicher Unterschied zwischen der statischen Auffassung und der dynamischen Produktivitätstheorie ist die verschiedene Bedeutung des Begriffes „Außenhandelsspezialisierung" zu werten. Während Spezialisierung im Sinne der statischen Theorie der komparativen Kosten eine Bewegung entlang der gegebenen Transformationskurve bedeutet, will die Produktivitätstheorie des Außenhandels alle dynamischen Aspekte berücksichtigen, die zu den oben behandelten „Gewinnen höherer Ordnung" Mills führen. Analytisch wäre mit einer fortlaufenden Kurvenverschiebung zu arbeiten, womit sich die bereits erwähnten Schwierigkeiten der Dynamisierung der Außenhandelstheorie mit herkömmlichen Instrumenten von neuem zeigen. Der Re-Allokationsvorgang der Spezialisierung in statischer Analyse ist also voll rückgängig zu machen, während die von Änderungen der Produktionstechniken und der Produktionsstruktur begleitete Spezialisierung in dynamischer Analyse als ein irreversibler Prozeß gelten muß.

Diese Feststellung ist insofern von Bedeutung, als die Spezialisierung in dynamischer Sicht das betreffende Land in höherem Maße „ver-

---

weltwirtschaftlicher Integration zu verstehen; gemeint ist vielmehr die funktionale wirtschaftliche Integration innerhalb einer Volkswirtschaft, die zum Beispiel am Grad der Arbeitsteilung, der Kommunikation, der Interdependenz, etc., zu messen wäre.

[12] W. W. Rostow, The Stages of Economic Growth, Cambridge University Press, 1960.
[13] Hla Myint, The „Classical Theory" of International Trade and the Underdeveloped Countries, The Economic Journal, Juni 1958, S. 317—337.

wundbar" gegenüber Terms of Trade-Schwankungen macht als in statischer Betrachtung. Dem Einfluß der Entwicklung des realen Austauschverhältnisses auf die Höhe des Realeinkommens einer Entwicklungswirtschaft und die dadurch gegebene Abhängigkeit vom Außenhandel soll deshalb in der vorliegenden Untersuchung das Hauptinteresse zukommen. Da die Re-Allokation im dynamischen Prozeß nicht rückgängig zu machen ist, konzentriert sich die Analyse auf die Allokation der Faktorzuwächse und versucht, die von der statischen Theorie vernachlässigten Elemente zu berücksichtigen.

Zuvor soll jedoch die Bedeutung von realen Überschüssen an produktiver Kapazität über den lebensnotwendigen Bedarf eines Entwicklungslandes geprüft werden[14]. Die Theorie der komparativen Kosten unterstellt eine vollbeschäftigte Wirtschaft vor Eintritt in den Außenhandel und betrachtet die bei „Öffnung" der Wirtschaft auf Grund der relativen Preisverhältnisse eintretende Re-Allokation der Faktoren. Entscheidendes Merkmal dieses Prozesses ist die Tatsache, daß bei gegebenen Produktionsfunktionen und Vollbeschäftigung die Exportproduktion nur bei Rückgang der heimischen Produktion einsetzen kann. Die Theorie des Außenhandels als „Ventil für Überschüsse" nimmt hingegen an, daß das betreffende Land vor Eröffnung des internationalen Handels bereits Überschüsse an Kapazitäten besitze, wodurch der Handel hier nicht eine Re-Allokationsfunktion ausübe, sondern nachfrageschaffend für die Produkte der überschüssigen, ohne Handel brachliegenden Kapazitäten wirke. Die Produktion für den einheimischen Bedarf wird durch die Aufnahme der Exportproduktion also nicht beeinträchtigt. Umgekehrt ist entgegen der klassischen Theorie nicht damit zu rechnen, daß bei Fallen der Exportproduktion etwa eine Eingliederung der freigestellten Faktoren in die heimische Produktion erfolge. Sie würden bei der mangelnden Mobilität und den funktionsuntüchtigen Märkten in den Entwicklungsländern wieder ungenutzt bleiben müssen. Dies führt zu der Aussage, daß ein in Außenhandelsbeziehungen tretendes Entwicklungsland seine potentiellen Überschüsse an Produktionskapazitäten quasi „kostenlos" dazu benutzen könne, durch Exporte seine Importfähigkeit und damit seine Entwicklung zu fördern. Es ließe sich für diese Erscheinung Rentencharakter konstruieren, wenn man davon ausginge, daß die Transferkosten der Faktoren bei Überführung in die Exportproduktion Null seien.

Der Gesichtspunkt der „Verwundbarkeit" eines Entwicklungslandes durch äußere Störungen ist in der „vent for surplus"-Theorie ebenfalls

---

[14] Vgl. dazu den modelltheoretischen Ansatz von S. Enke, Food Constraints on Industrial Development in Poor Countries, The Southern Economic Journal, Vol. 27, 1960/61.

anders zu fassen. Während die „Verwundbarkeit" nach der Produktivitätstheorie des Außenhandels in der bewußten irreversiblen Spezialisierung durch Änderung der Produktionsstruktur zu suchen ist, ist diese Anfälligkeit in bezug auf Terms of Trade-Schwankungen bei Gültigkeit der Überschuß-Theorie einfach darin zu erblicken, daß die bestehenden Überschußkapazitäten überhaupt nicht zur Produktion für den heimischen Bedarf verwendet werden können. Die letztere Auffassung scheint in der Tat durch die Erfahrung mit dem traditionalen Entwicklungskonzept des „development through trade" gesichert zu sein, so daß die Notwendigkeit einer auf strukturelle Eingriffe gerichteten Entwicklungspolitik gerechtfertigt ist.

Ohne an dieser Stelle die Herkunft möglicher Überschüsse an produktiven Kapazitäten näher zu untersuchen, sei die Beziehung der Theorie des „vent for surplus" zur klassischen Auffassung in der Heckscher-Ohlin-Version kurz dargestellt. Der klassische Theoretiker würde argumentieren, daß die mit dem Bestehen von Überschüssen offensichtlich vorliegenden Faktordisproportionen durch einen funktionsfähigen Preismechanismus ausgeglichen würden und ein Überschuß im Sinne eines Ungleichgewichts deshalb nicht von Bestand sei. Diese Tendenz zum Gleichgewicht mache die Überschüsse langfristig unmöglich, womit die in der Produktivitätstheorie des Außenhandels konzipierte Ausgangssituation hergestellt sei, in der die Exportproduktion immer nur bei Abzug von Faktoren aus der Produktion für den Inlandsabsatz denkbar ist. Die Existenz eines funktionsfähigen Systems wäre also die Voraussetzung dieses Ausgleichs der Faktordisproportionen. Myint verneint die Relevanz eines solchen Modells für die heutigen Entwicklungsprobleme insbesondere deshalb, weil sich ein großer Teil der in den Außenhandel eintretenden Entwicklungswirtschaften noch im Stadium der Subsistenzwirtschaft befinde[15]. In dieser Situation, so führt er aus, sei namentlich in den dünn besiedelten Gebieten ein Überschuß an produktiven Kapazitäten in Form von Disproportionen von potentiellen Faktoren durchaus denkbar und als langfristig von Bestand zu betrachten.

Der Erklärungswert der auf die Gedanken von A. Smith zurückgehenden Theorie des Außenhandels als „vent for surplus" ist nicht eindeutig zu beurteilen. Während einige Autoren diesen Ansatz für zu extrem halten und ihn als Sonderfall der Differenzen der komparativen Kosten ansehen, die den Handel um so wünschenswerter erscheinen lassen, kann die Bedeutung von Überschüssen für eine Bestimmung des Begriffes „Wirtschaft" ganz allgemein gewürdigt

---

[15] Vgl. dazu G. O. Gutman and J. Black, A Note on Economic Development with Subsistence Agriculture, Oxford Economic Papers, IX, No. 3, October 1957.

werden[16]. Der Versuch einer Neufassung des Phänomens „Wirtschaft" mithilfe des Überschußkonzeptes könnte wie folgt lauten: Solange die Aktivitäten der Individuen nur darauf gerichtet seien, den lebensnotwendigen Bedarf zu sichern, läge eine als „wirtschaftende" Tätigkeit zu qualifizierende Aktivität noch nicht vor. Erst die Erstellung von Überschüssen über das Lebensnotwendige hinaus erlaubt es den Menschen, im Sinne einer „Mittelverwaltung" zu „wirtschaften". Das konstituierende Merkmal aller als „Wirtschaft" bezeichneten Bereiche wäre demnach ein „Überschuß", denn nur ihn gilt es zu verwalten. Eine solche Reformulierung des Wirtschaftsbegriffes impliziert eine Fülle von Fragen, auf die in diesem Zusammenhang nicht eingegangen werden kann. Es sei jedoch vermerkt, daß ein derartiger Ansatz durchaus geeignet wäre, die Außenhandelstheorie des „vent for surplus" als brauchbar zu erweisen[17].

Für die vorliegende Untersuchung soll der Versuch von Myint lediglich als theoretischer Beitrag zur Diskussion über die Außenhandelsabhängigkeit der Entwicklungsländer angesehen werden und als eine mögliche Alternative zur „neoklassischen" Theorie gelten. Für Wirtschaften niederer Entwicklungsstufen mag die Theorie der Überschüsse eine reale Bedeutung haben; in einer fortgeschrittenen Entwicklungswirtschaft scheint die Annahme völliger Funktionsunfähigkeit des Systems irreal.

2.1.3. Die Theorie der dominierenden Wirtschaft

Ein in seiner Illustration der Außenhandelsbeziehungen zwischen reifen Volkswirtschaften einerseits und Entwicklungsländern andererseits beachtenswerter Beitrag liegt mit dem Versuch einer Theorie der dominierenden Wirtschaft von François Perroux[18] vor. Die historische Erfahrung des Fehlens einer Tendenz zum internationalen Einkommensausgleich hat Perroux zum Anlaß genommen, die klassische Gleichgewichtskonzeption in Frage zu stellen und mit kontroversen Begriffen wie „Macht, Stärke und Zwang" zu operieren. Die in der neueren französischen Schule häufig anzutreffende Betonung dieser Phänomene ist auf den von Historikern und Soziologen festgestellten Einfluß nacheinander dominierender Volkswirtschaften auf das Wirt-

---

[16] Diese Anregung verdankt der Verfasser seinem verehrten Lehrer Prof. Dr. A. Paulsen.
[17] Vgl. dazu William H. Nicholls, An ‚Agricultural Surplus' as a Factor of Economic Development, The Journal of Political Economy, Vol. LXXI, Febr. 1963, No.1.
[18] F. Perroux, L'économie du XXe siècle, Presses Universitaires de France, Paris, 1961.
F. Perroux, Une théorie de l'économie dominante, Economie appliquée, Archives de l'ISEA, avril—septembre 1948, Nos 2—3.

2.1. Theorien des Außenhandels

schaftswachstum der gesamten Welt zurückzuführen. Perroux glaubt, das Zurückbleiben der Wachstumsgewinne aus dem Außenhandel der Entwicklungsländer mit dem Bestehen einer gewollten oder ungewollten Dominierung seitens der reifen Länder erklären zu können.

Als konstituierende Merkmale des Dominationseffektes gelten nach Perroux vor allem die Unterschiede in den Verhandlungsstärken, in den Größen[19] der beteiligten Länder und in der Art ihrer wirtschaftlichen Aktivitäten. Besitzt ein Land auf allen diesen Gebieten Vorteile, so liegt eine absolute Asymmetrie oder Irreversibilität der gegenseitigen Einflußmöglichkeiten vor, die sowohl prinzipiell als auch graduell bestehen kann. Eine unabsichtliche Dominierung läge bei sogenannten Struktureinflüssen vor, die als nicht umkehrbar gelten müssen. Wenn zum Beispiel das Land A seine Struktur ändere, so müsse das Land B seine Struktur anpassen, ohne daß der umgekehrte Vorgang denkbar wäre. Hierin sei eine echte ungewollte Dominierung durch Strukturveränderungen zu erblicken. Ein ähnliches Beispiel wäre die Nichtumkehrbarkeit der Konjunkturbeeinflussung, die das Industrieland auf das Entwicklungsland ausübt. Als Kriterium für das Vorliegen einer absichtlichen Dominierung verwendet Perroux das Verhältnis von „gewährtem" zu „empfangenem" Grenzvorteil zweier im Austausch stehender Länder. Nur bei einem solchen Verhältnis von 1 läge danach Maximierung des Austauschgewinnes für beide Partner vor, während jedes Abweichen von 1 einen Vormachteffekt auf den Partner bedeutete.

Bei genauerer Analyse der irreversibel oder asymmetrisch wirkenden Dominationserscheinungen im internationalen Handel ließe sich zeigen, daß alle von Perroux in diesem Zusammenhang zitierten realen Beispiele mit exakten Konzepten der reinen Theorie zu belegen sind. Es ist erwiesen, daß der Machtbegriff, wie ihn die Theorie der dominierenden Wirtschaft verwendet, kein notwendiges Konzept in der Wirtschaftswissenschaft ist, denn das ökonomisch Relevante dieser Vorstellung ist mit den moderneren theoretischen Instrumenten längst anders zu fassen[20]. Der Ansatz Perroux' ist dennoch erwähnenswert, da er dem Wirtschaftspolitiker dazu geeignet scheint, die vielfältigen Determinationslücken bei einem Vergleich der konventionellen ökonomischen Theorie mit der realen Welt zu schließen und damit als „erklärendes" Moment aller sonst unerklärt bleibenden Sachverhalte zu fungieren.

Daß diese vermeintliche Erklärungsfunktion des Machtbegriffes für den Theoretiker unzureichend ist, sei an einigen Beispielen aus dem

---

[19] Freie Übersetzung des von Perroux verwendeten Ausdrucks „dimensions".
[20] Siehe unten!

internationalen Handel demonstriert. Nach Perroux bestehe beispielsweise ein Vormachteffekt, wenn eine Erhöhung des Volkseinkommens im Lande A zwar eine solche im Lande B induziere, jedoch der umgekehrte Vorgang gar nicht oder nur in geringerem Maße möglich sei. Eine ähnliche Asymmetrie läge auch vor, wenn die Reaktion der Importnachfrage der beiden Länder auf eine Wechselkursänderung unterschiedlich sei. Die Beispiele für derartige asymmetrische oder irreversible Einflußnahmen des dominierenden Landes auf das dominierte Land ließen sich vermehren, jedoch ist eine wesentliche theoretische Erkenntnis schon mit den beiden zitierten Fällen zu gewinnen. Offensichtlich sind die voneinander abweichenden Reaktionsweisen der beteiligten Länder auf strukturelle Unterschiede zurückzuführen, die die Theorie mit den bekannten Elastizitätsbeziehungen aufdecken kann. Gemeint sind in erster Linie die Preis- und Einkommenselastizitäten der Nachfrage nach Importwaren, die den formalisierten Ansatz einer Strukturanalyse liefern können.

Nach der Theorie der dominierenden Wirtschaft ist die Verwendung des konventionellen Gleichgewichtskonzeptes im Außenhandel bei Auftreten unterschiedlicher Elastizitätskoeffizienten undenkbar, denn Disparitäten in den Elastizitäten der beiden Länder implizierten immer einen Dominationseffekt. Perroux führt seine Aussage also weder auf die Monopoltheorien noch auf die von Hirschman[21] beschriebene Funktion des Außenhandels als gewolltes Machtmittel zurück. Alle Beziehungen innerhalb politischer Blöcke sowie zwischen Siegern und Besiegten und vor allem zwischen Mutterland und Kolonien scheiden damit aus der Betrachtung aus; ein Prototyp des von Perroux gemeinten Außenhandelsverhältnisses wäre jenes zwischen reifen Industrieländern und staatlich unabhängigen Entwicklungsländern. Gerade dieses Verhältnis läßt die Theorie von Perroux äußerst aktuell erscheinen, zumal sie alle herkömmlichen Schemata der allgemeinen reziproken Interdependenz verneint und das Erreichen eines Gleichgewichtes zwischen dominierenden und dominierten Wirtschaften von geeigneten politischen Maßnahmen abhängig macht. Angriffspunkt der Aussage von Perroux ist damit vor allem das konventionelle Gleichgewichtsdenken der „neoklassischen" Außenhandelstheorie in der Version von Heckscher und Ohlin. Der Theoretiker ist sich jedoch des sta-

---

[21] Albert O. Hirschman, National Power and the Structure of Foreign Trade, University of California Press, 1945.
Hirschman beantwortet die Frage, welches Schema ein Staat anzuwenden hat, um seine politische Macht mittels des Außenhandels zu maximieren. Er unterscheidet dabei den Beschaffungseffekt und den Beeinflussungseffekt des Außenhandels; ersterer umfaßt die Beschaffung der zur Ausübung der Macht notwendigen Mittel, letzterer berücksichtigt die Einflußmöglichkeit auf den abhängigen Partner durch Drohung oder Stopp der Außenhandelsbeziehung.

tischen Charakters der Gleichgewichtsbestimmung der Klassik voll bewußt, so daß die Einwände Perroux' zwar als Hinweis, nicht aber als theoretisch ausreichende Erklärung zu werten sind. Es wurde bereits betont, daß jegliche Nachfrageeffekte in der klassischen Analyse unberücksichtigt sind, womit insbesondere die unterschiedlichen Elastizitätsverhältnisse in einem statischen Modell unbeachtet bleiben müssen. Ferner ist auch, wie oben dargelegt, das Problem des Wachstumsgleichgewichtes mit klassischen Mitteln nicht zu lösen. Auf der Suche nach neuen Ansätzen zur Überwindung des traditionalen Denkens, insbesondere zur Widerlegung des Theorems des internationalen Faktorpreis- und damit Einkommensausgleichs, hat Perroux seine Theorie der Dominierung im internationalen Handel konzipiert und den Versuch unternommen, die erwähnte „Lücke" mit dem Phänomen der Macht zu erklären.

Die vorliegende Untersuchung soll den Beweis für den geringen Erklärungswert der Verwendung des Machtkonzeptes zur Bestimmung eines Entwicklungsprozesses liefern, der in den jungen Ländern stark vom Importbedarf und daher vom Exporterlös abhängig ist. Alle von Perroux als Machtfaktoren charakterisierten Merkmale werden nach Formalisierung in das Modell aufzunehmen und in ihrer Wirkung auf ein Entwicklungsgleichgewicht zu prüfen sein. Diese Neufassung des Gleichgewichtsbegriffes ist zugleich der Versuch einer Erweiterung der Außenhandelstheorie und soll mithilfe der Theorie der peripheren Wirtschaft nach Raúl Prebisch demonstriert werden. Die außenhandelstheoretischen Aussagen werden auf diese Weise als Teil einer möglichst umfassenden Entwicklungstheorie betrachtet, denn eine ausgesonderte Theorie des internationalen Handels, wie sie die Klassik sieht, scheint angesichts der Aufteilung der Welt in „reiche" Zentren und „arme" Randgebiete nicht länger haltbar, zumal zwischen diesen beiden ein erheblicher Teil des Weltwarenverkehrs stattfindet.

2.2. Demonstration der strukturellen Entwicklung am Modell einer geschlossenen Wirtschaft

2.2.1. Algebraische Lösung

Vor der Behandlung des Entwicklungsprozesses in einer offenen Wirtschaft soll aus analytischen Gründen das Modell einer geschlossenen Wirtschaft, das heißt einer Entwicklungswirtschaft ohne Außenhandelsbeziehungen, untersucht werden. Die Kernfrage, die an das Modell zu stellen ist, lautet, wie sich der Zuwachs an Faktoren auf die einzelnen Sektoren aufteilen wird. Ziel der Untersuchung ist also eine Aussage über die „entwicklungsbedingte" Strukturveränderung. Insbesondere soll die Frage der Auswirkung einer erhöhten Durchschnittsproduktivität im Agrarsektor auf die Faktorallokation beantwortet werden.

Die Analyse wird an einem Zwei-Sektoren-Zwei-Güter-Modell vorgenommen und unterstellt einen funktionsfähigen Preismechanismus. Da Industrie- und Agrarsektor des betrachteten Landes in Austauschbeziehungen stehen, kann für die graphische Lösung des Problems die bekannte Analytik der Außenhandelstheorie verwendet werden. Zuvor sei jedoch ein algebraischer Lösungsversuch unternommen.

In Anlehnung an die Untersuchung von Enke[22] wird das theoretisch schwer zu determinierende Zusammenspiel von Preis- und Einkommenselastizitäten der Nachfrage nach den Gütern der beiden Sektoren eine große Rolle spielen. Aus Gründen der Vereinfachung dieses Komplexes soll eine Preiselastizität der Nachfrage nach Agrar- und Industriegütern von 0 angenommen werden, so daß die Zusammensetzung des Verbrauchs nur eine Funktion des Einkommens ist. Eine weitere Vereinfachung soll darin bestehen, daß das Verhältnis der durchschnittlichen Verbrauchsneigung bei Agrarprodukten zur durchschnittlichen Verbrauchsneigung bei Industrieerzeugnissen eine Konstante (σ) ist. In physischen Größen muß σ dann der Zusammensetzung der Produktion in der betreffenden geschlossenen Volkswirtschaft entsprechen. Das Gleichgewicht eines derartig konzipierten Zwei-Sektoren-Modells ist durch zwei Bedingungen zu beschreiben:

1. Die Zusammensetzung des Gesamtoutput ist mit σ bestimmt, welches durch den Quotienten

(1) $$\sigma = \frac{P_u \cdot \beta}{P_r \cdot \alpha}$$

ausgedrückt werden kann. Der Industrieoutput ist $P_u \cdot \beta$, wobei P_u die Industriebevölkerung und β das industrielle Durchschnittsprodukt (= Output pro Kopf) darstellen. $P_r \cdot \alpha$ bezeichnet den Agraroutput; P_r ist die Agrarbevölkerung und α das agrarische Durchschnittsprodukt.

2. Wenn keine Nettowanderung von Faktoren zwischen den beiden Sektoren mehr stattfinden soll, muß der Wert des Durchschnittsproduktes in beiden Sektoren gleich sein. Eine graphische Erläuterung dieser Bedingung soll an späterer Stelle bei Behandlung der Theorie Prebischs gegeben werden.

Wird nun im Zähler das gesamte Industrieprodukt statt des Geldausdrucks verwendet, so ist der wertmäßige Output pro

---

[22] S. Enke, Economics for Development, Prentice-Hall, Inc., Englewood Cliffs, N. J., 1963, S. 124—130 und 547—552.
S. Enke, Industrialization through Greater Productivity in Agriculture, The Review of Economics and Statistics, Vol. XLIV, February 1962.

2.2. Strukturelle Entwicklung einer geschlossenen Wirtschaft

Kopf der Industriebevölkerung gleich β und der wertmäßige Output pro Kopf der Agrarbevölkerung — der Preis von Agrarprodukten (p_a) wird hierbei in Industrieprodukten ausgedrückt — ist dann $\alpha \cdot p_a$.

Gleichheit der Werte der Durchschnittsprodukte in den beiden Sektoren liegt unter den gemachten Annahmen vor bei

(2) $$\beta = \alpha \cdot p_a.$$

Mit diesen beiden Gleichgewichtsbedingungen kann nach Enke der Effekt von Änderungen der Produktivitäten und des Verbrauchsbedarfs dargestellt werden. Die entscheidenden Parameter des Modells sind σ, α und β, die ihrerseits das Verhältnis von Industrie- zu Agrarbevölkerung ($P_u : P_r$) und den Preis von Agrarprodukten (p_a) bestimmen. Die beiden letztgenannten Größen sind folgendermaßen zu beschreiben:

(3) $$\frac{P_u}{P_r} = \frac{\alpha}{\beta} \sigma$$

und

(4) $$p_a = \frac{\beta}{\alpha}$$

Es folgt aus (3), daß eine Erhöhung von $P_u : P_r$, welche als Industrialisierung zu charakterisieren wäre, entweder eine erhöhte Nachfrage nach Industrieprodukten (relativ zur Nachfrage nach Agrarerzeugnissen) oder eine gestiegene Durchschnittsproduktivität der agrarischen Arbeit (relativ zur industriellen Produktivitätssteigerung) erfordert. Unter der Annahme einer konstanten Größe σ sind also Änderungen in der „komparativen" durchschnittlichen Arbeitsproduktivität entscheidend. Derjenige Sektor, so folgert Enke, der den vergleichsweise geringeren Produktivitätszuwachs aufweist, gewinnt danach an Bevölkerung. Mit einem Zahlenbeispiel soll diese Aussage veranschaulicht werden. Beträgt das Ausgangsverhältnis $P_u : P_r = 1 : 4$ und wollen die Träger der Entwicklungsplanung ein solches von $2 : 3$ erreichen, so werden sie vor der Frage stehen, wie groß die Veränderung der relativen Sektorenproduktivität sein muß, wenn σ konstant bleiben soll. Ein einfaches Kalkül besagt, daß das angestrebte Verhältnis (2:3) 2,67mal größer ist als das Verhältnis 1:4. Folglich muß sich die durchschnittliche Arbeitsproduktivität im Agrarsektor 2,67mal so stark vergrößern wie diejenige im Industriesektor, um ein Fünftel der Gesamtbevölkerung vom Agrar- in den Industriesektor zu verpflanzen. Dieser Prozeß wird von einem Steigen der Industriepreise, ausgedrückt in Agrarprodukten, um das 2,67fache begleitet sein.

Die von Enke aufgestellten Schlußfolgerungen aus diesem Modellablauf sind entwicklungspolitisch von großer Bedeutung. Ausgangspunkt war die Frage, wie sich ein Produktivitätszuwachs im Agrarsektor auf die Struktur des Entwicklungslandes auswirkt. Modellmäßig würde er ceteris paribus zu einer Erhöhung der Industriebevölkerung führen. Unter die ceteris paribus-Klausel fällt in erster Linie die Größe σ, was aber bedeutet, daß der Verbraucher bei unveränderten Preisen nicht mehr Agrarprodukte aufnimmt, wenn er nicht gleichzeitig auch mehr Industriewaren erhalten kann. Der Preis für Agrarerzeugnisse muß also relativ zum Preis für Industrieprodukte fallen, wodurch der Industriebevölkerung eine größere Kaufkraft zuwächst, ohne daß sich ihr Output erhöht hat. Im vorstehenden Modell muß der Agrarpreis genügend fallen, um das reale Pro-Kopf-Einkommen in der Industrie relativ zum Agrarbereich steigen zu lassen, ein Vorgang, ohne den eine Wanderung nicht stattfinden würde. Trotz erhöhter physischer Erträge hat die Landbevölkerung geringere Kaufkraft für Fertigwaren in Händen.

Die Prioritäten in der Entwicklungsplanung will Enke aus diesen theoretischen Erwägungen heraus wie folgt gefaßt sehen: Erstes Anliegen muß die technologische Verbesserung im Agrarbereich sein, die in einer geschlossenen Wirtschaft unter den gemachten Annahmen eine Entwicklung der Industrie „induziert". In kritischer Weise faßt er seine Meinung in der Aussage[23] zusammen, daß

„all this is contrary to the usual official view in underdeveloped countries which maintains, that the way to industrialize is to equip new factories with the latest machinery and ignore agriculture, but in economic affairs it is not uncommon for policy makers to grasp the wrong end of the stick".

Vor der geometrischen, analytisch viel genaueren Darstellung des Enke-Modells sollen die Modellannahmen im Hinblick auf ihre Realitätsnähe überprüft werden. Die Annahme einer 0-Elastizität der Nachfrage hinsichtlich Preisänderungen ist schwer aufrechtzuerhalten; auch wäre die Annahme eines unterproportionalen Wachstums der Nachfrage nach Primärerzeugnissen bei wachsendem Realeinkommen, das heißt einer Einkommenselastizität der Nachfrage nach Agrarprodukten von kleiner als 1, realitätsnäher. Eine weitere wichtige Einschränkung, die auch in der geometrischen Lösung eine Rolle spielen wird, ist durch ein typisches Verhalten der Agrarhaushalte gegeben. Im allgemeinen werden diese bei Preissteigerung ihres Produktes eher mehr von ihrem eigenen Output nachfragen. Analytisch gesprochen bedeutet dies, daß das Verhalten der Verbraucher im Agrarsektor bei Steigen der Agrarpreise, gemessen in Industriegütern, einen stärkeren Einkommens- als Substitutionseffekt zeigt. Enke führt diese Erscheinung darauf zurück, daß die Agrarproduktion die einzige Quelle ihres Real- und Geldeinkommens ist.

---

[23] S. Enke, Economics for Development, S. 129.

2.2. Strukturelle Entwicklung einer geschlossenen Wirtschaft

Das Enke-Modell einer geschlossenen Entwicklungswirtschaft wird ein Ergebnis liefern, welches das Verständnis der Theorie Prebischs insofern erleichtert, als bestimmte Behauptungen, die in der Analyse der peripheren Wirtschaft eine Rolle spielen, theoretisch belegt werden. Namentlich der Effekt von Produktivitätssteigerungen soll durch dieses Modell demonstriert werden. Danach wird eine Steigerung der agrarischen Durchschnittsproduktivität von beispielsweise 20 vH einen überproportionalen Preisfall der Agrarprodukte herbeiführen, während der Industriesektor sein Einkommen, gemessen in Agrarprodukten, um mehr als 20 vH erhöhen wird. Ein entscheidender, bei Prebisch besonders betonter Punkt der Analyse ist die Tatsache, daß die Agrarpreise überproportional zur Steigerung des Agraroutput fallen werden. Auf diese Weise erhöht sich das Realeinkommen im Industriesektor relativ stärker, was die bereits erwähnte intersektorale Wanderung von Faktoren induzieren wird. Eine Faktormobilität dieser Art kann in einer geschlossenen Wirtschaft durchaus unterstellt werden. Bei „Öffnung" der Wirtschaft, wie sie im Prebisch-Modell vorzunehmen sein wird, muß von der in der Außenhandelstheorie üblichen Annahme internationaler Faktorimmobilität ausgegangen werden, denn die im Enke-Modell als zwei Sektoren einer Wirtschaft betrachteten Gebiete werden hier zu Land A und Land B; es handelt sich hierbei um den Schritt vom intersektoralen zum internationalen Handel.

2.2.2. Geometrische Lösung

Die folgende Analytik der geometrischen Darstellung obiger Ausführung bedient sich des in der modernen Außenhandelstheorie verwendeten Instrumentes des Kastendiagramms. Ziel der Analyse ist der Nachweis, daß die Erhöhung der Produktivität pro Arbeitseinheit im Agrarsektor zu einer Arbeitswanderung in den Industriesektor führen muß, womit wieder jene traditionelle These gestützt wird, nach der eine Entwicklung des Agrarbereiches immer die Voraussetzung für den Aufbau einer Industrie im Entwicklungsland sein wird. Nach Enke sind zwei „vernünftige" Annahmen ausreichend, um diesen Ablauf zu gewährleisten. Die eine beinhaltet, daß die Agrarbevölkerung bei konstanten Preisen und Steigen ihres Output den Verbrauch an ihren eigenen Produkten nicht mehr als proportional zur Outputsteigerung erhöhen wird. Mit Hilfe des neueren Begriffes der Output-Elastizität der Nachfrage ließe sich diese Annahme kürzer fassen, indem folgender Ausdruck mit nicht größer als 1 angenommen wird:

$$E_{Q_a,O} = \frac{dQ_a}{Q_a} : \frac{dO}{O} \leq 1$$

Die andere Annahme, die bereits bei Kritik der algebraischen Lösung behandelt wurde, basiert auf der Erfahrung, daß die Landbevölkerung bei gegebenem Output und Preissteigerung ihres eigenen Produktes, ausgedrückt in Industriegütern, mehr Nahrungsmittel verbrauchen wird. Sie ließe sich also dahingehend formulieren, daß eine im intersektoralen Gleichgewicht eintretende Änderung der Kaufkraft, die mit einer bestimmten Menge von Agrarerzeugnissen in bezug auf das Industrieprodukt ausgeübt werden kann, einen stärkeren Einkommens- als Substitutionseffekt hervorrufen wird. Der Ablauf des Prozesses soll wieder an einem Zwei-Güter-Zwei-Sektoren-Modell demonstriert werden, in dem sich Agrar- und Industriesektor in Austauschbeziehungen befinden und keine Außenbeziehungen bestehen. Ferner wird ein Ausgangsgleichgewicht unterstellt, dessen Kriterien im folgenden analytisch zu charakterisieren sind. Diese Fiktion eines Ausgangsgleichgewichtes erlaubt dann eine genaue Analyse der Wirkung eines exogenen Faktors, namentlich des technischen Fortschritts, in seinem Einfluß auf das neue Gleichgewicht.

Vor Einführung einer exogenen Erhöhung der agrarischen Durchschnittsproduktivität um 20 vH gelte folgende Situation:

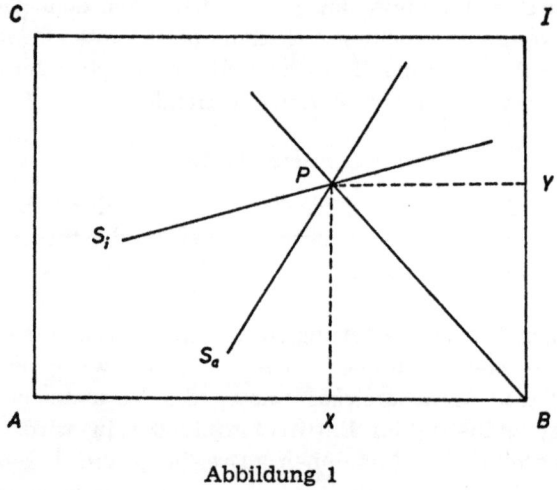

Abbildung 1

Das Kastendiagramm (ABIC) wird von den ineinandergeschobenen Koordinatensystemen des Agrar- (A) und Industriesektors (I) gebildet. Auf den Abszissen (AB und IC) sind die zur Verfügung stehenden Mengen an Agrarprodukten, auf den Ordinaten (AC und IB) die Industrieerzeugnisse abgetragen, wobei die Abszissen der beiden Sektoren und die Ordinaten der beiden Sektoren identisch sein müssen. A und I sind also der Ursprung der Koordinaten für den Agrar- beziehungsweise Industriesektor.

2.2. Strukturelle Entwicklung einer geschlossenen Wirtschaft

Die Preislinie BP bestimmt die gleichgewichtige Aufteilung von Agrar- und Industrieprodukten auf die beiden Sektoren. Sie bedeutet im obigen Diagramm, daß die Agrarhaushalte AX verbrauchen und XB an Agrarprodukten gegen BY an Industrieerzeugnissen austauschen. Die Industriehaushalte müssen dementsprechend IY verbrauchen und YB an Industriewaren gegen XB an Agrarerzeugnissen tauschen. P wird bestimmt durch den Schnittpunkt der Angebotskurven der beiden Sektoren (S_a und S_i), wobei statt des Geldausdrucks jeweils der Preis des einen Gutes in Mengen des anderen auszudrücken ist.

Als weiteres Bauelement zur Charakterisierung des Ausgangsgleichgewichts sollen die gesellschaftlichen Indifferenzkurven verwendet werden. Die Fläche ABIC in Abb. 2 ist von einer Schar solcher Indifferenzkurven bedeckt, von denen einige tangential verlaufende Kurven der beiden Sektoren dargestellt werden. Die Berührungspunkte der Kurvenpaare werden durch die sogenannte Kontraktlinie verbunden, und es ist ersichtlich, daß die gleichgewichtige Aufteilung der Güter in irgendeinem Punkt auf der Kontraktlinie gegeben ist. Dieser sei durch P bestimmt; die Preisgerade BP muß zu dem Indifferenzkurvenpaar I_a^0 und I_i^0 tangential verlaufen, was analytisch der bekannten Bedingung des mikroökonomischen Haushaltsgleichgewichts entspricht.

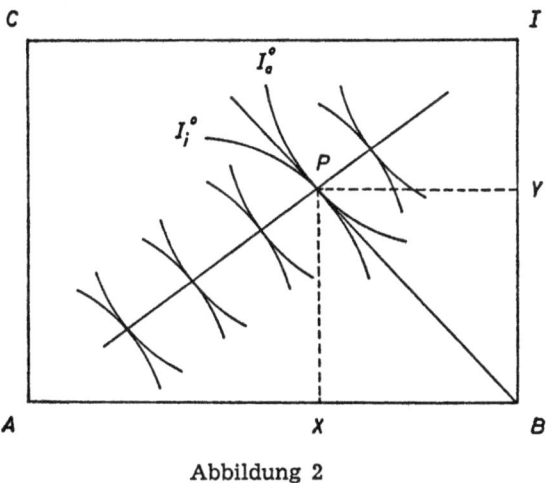

Abbildung 2

Weiterhin soll für das Ausgangsgleichgewicht die Entwicklung der Konsumzusammensetzung bei konstanter Steigung von BP und steigendem Einkommen berücksichtigt werden, was instrumentell durch Verwendung einer Isopreis-Konsumkurve zu erreichen ist.

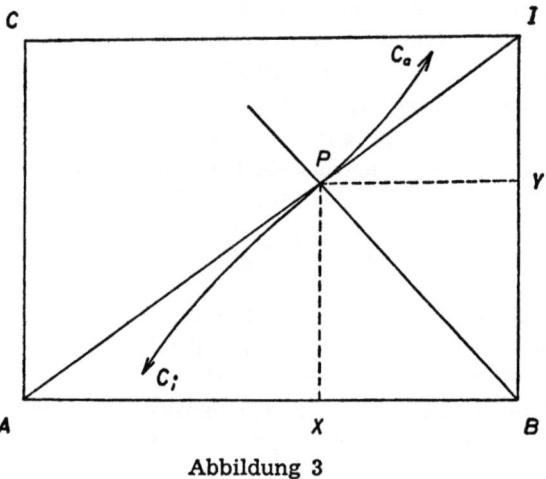

Abbildung 3

Unter der gemachten Annahme einer Output-Elastizität der Nachfrage nach Agrargütern von kleiner als 1 gibt diese Kurve an, in welchem Maße bei wachsendem Einkommen (= Output) das Agrarprodukt relativ weniger und das Industrieerzeugnis relativ stärker begehrt wird. An dem auf der Kontraktlinie liegenden Punkt P berühren sich die beiden Isopreis-Konsumkurven C_a und C_i (Abb. 3), so daß P der einzige Punkt auf der Kontraktlinie ist, bei dem der Markt von beiden Gütern tatsächlich „geräumt" ist. Dies ist eine notwendige Bedingung zur Herstellung eines stabilen Gleichgewichts, denn jede andere Aufteilung, ausgehend von einem anderen Preis, würde Marktüberschüsse und Marktdefizite an beiden Gütern hervorrufen.

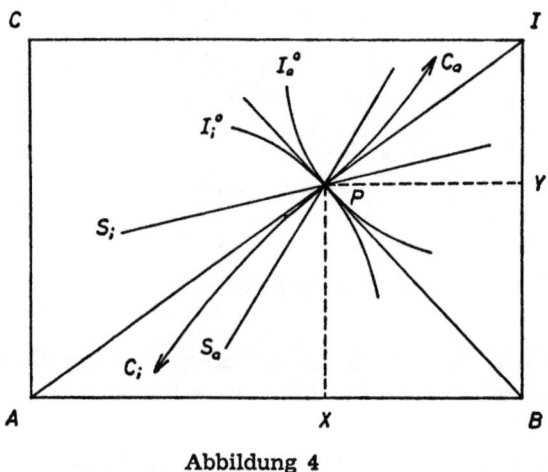

Abbildung 4

2.2. Strukturelle Entwicklung einer geschlossenen Wirtschaft

Durch Zusammenfassung der erläuterten Elemente soll nach Enke das Ausgangsgleichgewicht des Zwei-Sektoren-Zwei-Güter-Modells ohne Außenbeziehungen charakterisiert sein (Abb. 4). In diesem stabilen Gleichgewicht verbrauchen die Haushalte beider Sektoren in gleichen Proportionen, das heißt, der Punkt P liegt auf der gedachten Linie AI.

Durch Einführung technologischer Neuerungen im Agrarsektor soll nun die Wirkung eines erhöhten Agrarausstoßes auf das System demonstriert werden. Betrug die insgesamt zur Verfügung stehende Menge an Agrarprodukten AB im obigen Bild 100, so sei sie durch den technischen Fortschritt auf A'B = 120 gebracht. Die Menge an Industrieerzeugnissen bleibt mit AC beziehungsweise BI konstant. Liegt eine derartige durchschnittliche Produktivitätssteigerung um 20 vH vor, so kann nach Enke das ursprüngliche „Wohlfahrtsgleichgewicht" nur dann aufrechterhalten werden, wenn der Preis des Industrieproduktes, gemessen in Agrarprodukten, ebenfalls um 20 vH steigt. Nur in diesem Falle hätten beide Sektoren entweder ein 20 vH höheres Einkommen, gemessen in Agrarerzeugnissen, oder dasselbe Einkommen wie vorher, gemessen in Industrieprodukten.

Eine solche „indifferente" Preisänderung ließe sich durch eine Verlagerung der Preislinie von BP nach BP" ausdrücken, denn BP" soll so konstruiert sein, daß die Entfernung zu BI um 20 vH größer ist als bei BP (Abb. 5).

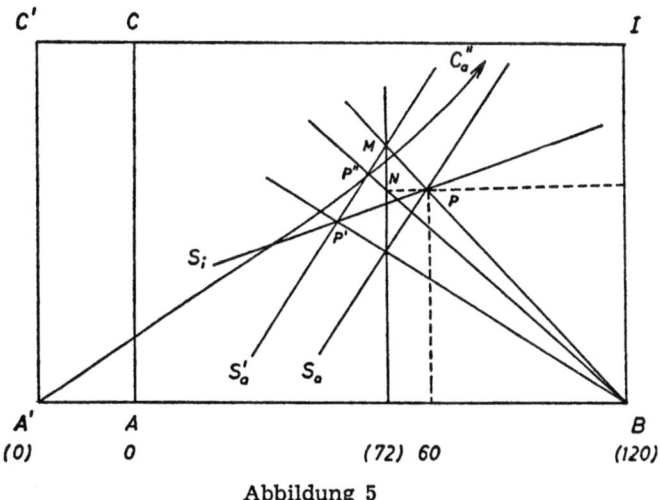

Abbildung 5

Unter den gemachten Modellannahmen wird jedoch zu zeigen sein, daß der neue Gleichgewichtspreis für Agrarprodukte, gemessen in Industrieerzeugnissen, (BP') niedriger als BP" sein muß. Entscheidend für die Bestimmung von BP' ist die Lage der neuen agrarischen Angebotskurve S'_a. Wenn die Output-Elastizität der Nachfrage im Agrarsektor nach den eigenen Produkten bei konstanten Preisen mit 1 angenommen wird, so werden die Haushalte 20 vH mehr Agrarprodukte für Eigenbedarf nachfragen als vor der Einführung der technischen Neuerungen. Im Diagramm bezieht sich also P auf einen Verbrauch an Agrarprodukten von 60 (gemessen vom alten Ursprung A) und M auf den neuen Verbrauch von 72 (gemessen vom neuen Ursprung A'). Konstruktionsgemäß liegt der Punkt N auf einer Horizontalen mit P, so daß N annahmegemäß auch auf einer Vertikalen mit M liegen muß. Über die Lage der neuen agrarischen Angebotskurve S'_a könnte also vermutet werden, daß sie durch M gehen und bei positiver Steigung die alte industrielle Angebotskurve S_i irgendwo unterhalb von BP" schneiden müßte. Der sich damit ergebende neue Gleichgewichtspreis BP' von Agrarprodukten, ausgedrückt in Industriewaren, ist also niedriger als BP". Durch die Lage der neuen Angebotskurve S'_a wird die Modellannahme ausgedrückt, daß Änderungen des Agrarpreises bei den Agrarhaushalten einen stärkeren Expansions- als Substitutionseffekt bewirken.

In dem neuen Diagramm (Abb. 5) bedeutet C''_a die für den Preis BP" gültige agrarische Isopreis-Konsumkurve, so daß entsprechend obiger Annahme jede Differenz zwischen C''_a und S'_a auf Substitutionseffekte zurückzuführen sein muß. Über den endgültigen Preis von Agrarprodukten, ausgedrückt in Industrieerzeugnissen, vor einer Wanderung von Faktoren in den Industriesektor kann theoretisch Folgendes ausgesagt werden: Er wird mit großer Wahrscheinlichkeit niedriger sein als der im Diagramm durch den Schnittpunkt der beiden Angebotskurven S'_a und S_i bestimmte Preis BP', denn diese Terms of Trade-Linie wurde unter der vereinfachenden Annahme konstruiert, daß die Agrarhaushalte bei gegebenen Preisen einen konstanten durchschnittlichen Konsum ihres eigenen Output von 0,6 aufweisen. Die angenommene Form der agrarischen Isopreis-Konsumkurve C''_a impliziert jedoch eine Output-Elastizität der Nachfrage nach Agrarprodukten von kleiner als 1, was laut Konstruktion eine noch stärkere Linksverlagerung der S'_a-Kurve bedeutete. Dieser Schritt ist hier nur als eine Verfeinerung der Analyse anzusehen; die Folge ist eine weitere Verschlechterung des Preisverhältnisses, welches durch den Schnittpunkt der S'_a- und S_i-Kurven gegeben ist.

Speziell im Hinblick auf die vergleichbare Untersuchung Prebischs sei herausgestellt, daß die Terms of Trade in jedem Falle „schlechter" sein werden als das durch BP" gekennzeichnete „indifferente" Preisverhältnis. Damit ist die an den Anfang gestellte Frage nach der Wirkung des technischen Fortschritts im Agrarsektor auf die Struktur der Entwicklungswirtschaft beantwortet. Der Modellablauf zeigt, daß unter den gemachten Annahmen eine Erhöhung der agrarischen Durchschnittsproduktivität zu einer Wanderung von Faktoren in den Industriesektor und damit zur Ausdehnung dieses Sektors führen muß. Die Problematik des damit angesprochenen Phänomens der Urbanisierung in Entwicklungsländern und des theoretisch zu beachtenden Unterschiedes zwischen Faktoren und Ressourcen kann hier nicht näher behandelt werden. Es darf jedoch der Hinweis nicht unterbleiben, daß die vom Agrarsektor freigestellten Arbeitskräfte nur in beschränktem Maße als echte Faktoren anzusehen sind, die sich tatsächlich als „eingliederungsfähig" erweisen. Dies führt zu einer signifikanten Einschränkung der Aussage, die Enke aus seinem Modell herzuleiten glaubt. Wenn er nämlich die Folgerung zieht, daß Industrialisierung eher die Folge als die Ursache wirtschaftlicher Entwicklung sei, so liegt der Verdacht nahe, daß er das Modell insofern überfordert, als er mehr als den bloßen Ablauf eines durch einen exogenen Anstoß verursachten Prozesses beobachten will.

Ohne an dieser Stelle weitere Aspekte kritisch zu berücksichtigen, sei die Bedeutung der Analyse Enkes für die vorliegende Untersuchung noch einmal betont. Es wurde modellmäßig demonstriert, welche Wirkung eine Erhöhung der agrarischen Durchschnittsproduktivität auf die Struktur einer geschlossenen Entwicklungswirtschaft ausübt. In den weiteren Ausführungen wird mit methodisch anderen Mitteln zu beweisen sein, wie ungerechtfertigt der „Optimismus" Enkes hinsichtlich einer „Öffnung" der Wirtschaft ist. Er glaubt nämlich, daß eine Produktivitätserhöhung im Agrarsektor einer Wirtschaft mit Außenbeziehungen die Bedeutung der Industrialisierung insofern mindere, als sie dann nur noch ein metaökonomisches Anliegen, namentlich ein politisches Ziel sei. Eine Entwicklungswirtschaft mit Außenbeziehungen könne Gewinne erzielen, jedoch, so räumt Enke ein, werde darunter das politische Ziel der Industrialisierung leiden. Daß dies häufig als einer der Gründe für das zunehmende Autarkiestreben der jungen Entwicklungsländer gilt, wird der ökonomischen Sonderstellung des Außenhandels dieser Länder aber kaum gerecht. Es ist vielmehr nach rein ökonomischen Gesetzmäßigkeiten zu suchen, die dem ohne Zweifel feststellbaren Trend nach geringerer Abhängigkeit vom Außenhandel der Entwicklungsländer zugrunde liegen könnten. Einen Versuch dieser Art stellt die Theorie Prebischs dar, die im Folgenden zu behandeln ist.

2.3. Die Theorie der peripheren Wirtschaft
2.3.1. Annahmen und Begriffe

Raúl Prebisch, ehemals Generalsekretär der Economic Commission for Latin America (ECLA) bei den Vereinten Nationen, unternahm den Versuch, mit wirtschaftstheoretischen Instrumenten ein Entwicklungsgesetz nachzuweisen, welches er im Wirtschaftsraum Südamerikas zu beobachten glaubt und auf andere Entwicklungsländer ähnlicher Struktur anzuwenden empfiehlt. Prebisch bedient sich dazu bekannter theoretischer Konzepte, die allerdings nicht immer eindeutig und zwingend eingesetzt werden. Seine Gedanken sind lediglich aus drei Veröffentlichungen[24] bekannt, in denen für den Theoretiker jedoch einige Fragen unbeantwortet bleiben und hinter das politische Postulat zurücktreten[25]. Aus diesem Grunde ist eine theoretische Durchdringung der Ideen Prebischs vielleicht ein legitimes Anliegen im Hinblick auf die bislang wenig geschlossene Theorie des Entwicklungsprozesses. Der Beitrag Prebischs gibt sowohl eine Darstellung der langfristigen Entwicklung als auch eine Erklärung der Konjunkturzyklen, die als kurzfristig zu klassifizieren wäre. Die vorliegende Untersuchung soll auf eine Analyse der Entwicklung beschränkt bleiben, wobei die Strukturkomponente die wesentliche Rolle spielen wird. Es wird insbesondere die Frage nach dem Zusammenwirken der Struktur eines Landes und dessen wirtschaftlicher Entwicklung zu behandeln sein. Der Theoretiker wird eine solche Betrachtungsweise dem Gebiet der Dynamik zuordnen, denn der Prozeß wird unter Einbeziehung der entwicklungsbedingten Strukturveränderungen, des technischen Fortschritts und des Bevölkerungswachstums analysiert.

Im Folgenden seien die stark vereinfachenden, jedoch für eine grundsätzliche Betrachtung zweckmäßigen Annahmen der Theorie der peripheren Wirtschaft erläutert. Prebisch teilt die Welt in zwei strukturell verschiedenartige Bereiche, nämlich in zentrale und periphere Länder, die aus Gründen der Vereinfachung kurz Zentrum und Peripherie genannt werden sollen. Das Zentrum wird von der Gruppe der hochindustrialisierten Länder dargestellt, während unter Peripherie die wirtschaftlich rückständigen oder entwicklungsfähigen Länder verstanden werden. Um eine exakte Abgrenzung dieser äußerst ungenauen Begriffe zu gewinnen, sollen beide Gebiete mit einigen grundlegenden Kriterien ausgestattet werden, die eine theoretisch eindeutige Unter-

---

[24] Raúl Prebisch, The Economic Development of Latin America and Its Principal Problems, Economic Bulletin for Latin America, ECLA, U.N., Vol. VII, Febr. 1962.
Raúl Prebisch, Commercial Policy in the Underdeveloped Countries, American Economic Review, May 1959, S. 251—273. United Nations Report by the Secretary-General of the Geneva Conference on Trade and Development, Towards a New Trade Policy for Development, U.N., New York 1964.
Vgl. auch W. Baer, The Economics of Prebisch and ECLA, Economic Development and Cultural Change, Bd. 10, 1962. Ferner zu Baer: Flanders, ‚Comment' in Economic Development etc., Bd. 12, 1964, Nr. 3.
[25] Zur Würdigung des politischen Beitrags von Raúl Prebisch vgl. u. a. A. Shonfield, The Attack on World Poverty, New York, 1960, S. 42 ff.

2.3. Die Theorie der peripheren Wirtschaft

scheidung der Strukturen zulassen. Zu diesem Zweck wird das Konzept der Nachfrageelastizitäten benutzt, welches die Theorie zur Darstellung struktureller Merkmale verwenden kann. Das Zentrum als Produzent von Industrieprodukten und Nachfrager nach agrarischen Rohstoffen weist andere Preis- und Einkommenselastizitäten auf als die Peripherie, die als Nachfrager nach Industrieerzeugnissen und Anbieter von Primärprodukten gelten soll. Obwohl die Preiselastizitäten bei Prebisch mehr in kurzfristiger Betrachtung zur Erklärung des Konjunkturverlaufes dienen, soll mit ihrer Hilfe eine Charakterisierung der beiden Gruppen vorgenommen werden. In genereller Aussage ist festzustellen, daß die Preiselastizität bei Primärerzeugnissen sowohl auf der Nachfrage- als auch auf der Angebotsseite kleiner ist als die entsprechenden Elastizitäten für die Erzeugnisse des Zentrums, so daß, wie Alemann[26] ausführt, eine kleine Diskrepanz zwischen Angebot und Nachfrage auf dem Markt für Primärerzeugnisse relativ große Preisschwankungen verursacht. Das bedeutet aber, daß in der Aufstiegsphase des Konjunkturzyklus' die Preise für Primärprodukte stärker steigen als die der Industrieerzeugnisse, während im Abstieg die Preise für Grundstoffe stärker fallen als die der Fertigwaren. Prebisch stellt in diesem Zusammenhang die umstrittene Erfahrung heraus, daß der periphere Verlust im Konjunkturabstieg regelmäßig größer sei als der Gewinn in der Aufstiegsphase.

Zu einer weiteren Aussage über die Verschiedenartigkeit von Peripherie und Zentrum gelangt Prebisch durch Einführung der Einkommenselastizitäten der Nachfrage. Der Elastizitätskoeffizient für die Nachfrage nach Primärerzeugnissen, das heißt die Elastizität im Zentrum, ist im allgemeinen kleiner als 1, während er für die Nachfrage nach Industrieprodukten, also in der Peripherie, tendenziell mit größer als 1 anzunehmen ist.

Drittes Unterscheidungsmerkmal zwischen Peripherie und Zentrum sei die unterschiedliche Rate des technischen Fortschritts, die Prebisch in der Peripherie als kleiner annimmt; er spricht von einer ständig sich vertiefenden Disparität der technologischen Entwicklung zwischen den beiden Gruppen.

Diese drei Konzepte zur Bestimmung von Peripherie und Zentrum sind zwar keine „Erklärung"[27], sondern lediglich formale Darstellung der Ergebnisse der zugrunde liegenden Verhältnisse, jedoch gelingt mit ihrer Hilfe der analytische Ansatz zu den folgenden Ausführungen.

---

[26] Roberto T. Alemann, Die Theorie der peripheren Wirtschaft, Weltwirtschaftliches Archiv, Bd. 74, 1955 I.
[27] Die Formalisierung eines Sachverhaltes ist nur als definitorische Umformung aufzufassen und kann deshalb keine „erklärende" Funktion haben!

2. Außenhandel und Entwicklung

2.3.2. Der technische Fortschritt

Um die außerordentliche Bedeutung des technischen Fortschritts theoretisch zu fassen, soll die Theorie der peripheren Wirtschaft an dieser Stelle vertieft werden. Als ein Maß für den technischen Fortschritt wird der Begriff der Produktivität verwendet, so daß sich im analytischen Ausdruck eine Erhöhung der gesamtwirtschaftlichen Produktivität durch eine Verlagerung der makroökonomischen Gesamtproduktkurve nach oben darstellen ließe. Für die in Abbildung 6 gezeigten Kurvenverläufe, die nur den relevanten Teil fallender Durchschnittsprodukte berücksichtigen, wird die Gültigkeit des Ertragsgesetzes unterstellt. Technischer Fortschritt liegt vor, wenn sich bei Konstanz des Faktoreinsatzes das Grenzprodukt des Faktors Arbeit erhöht. Ausgehend von einer Erhöhung der Durchschnittsproduktivität, die vereinfachend durch eine Parallelverschiebung der Durchschnittsproduktkurve (DP) dargestellt wird, ergibt sich folgender Zusammenhang zwischen Durchschnittsprodukt, Grenzprodukt (GP) und Gesamtprodukt (P):

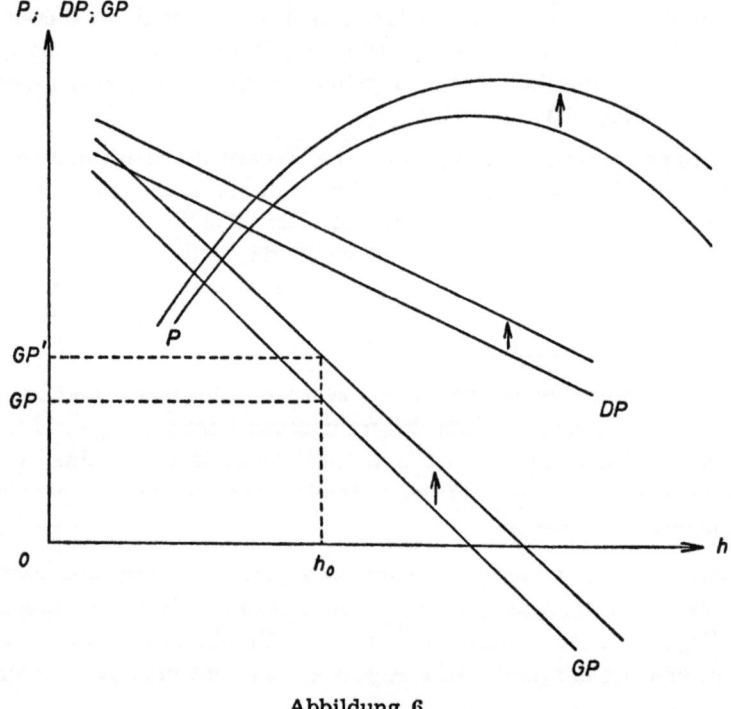

Abbildung 6

Eine Verfeinerung der üblichen Analyse sei darin zu erblicken, daß die auf der Abszisse abgetragenen gesamtwirtschaftlichen Arbeitsmengen nicht durch die Zahl der Arbeitenden, sondern in geleisteten Arbeitsstunden (h) gemessen werden. Für die Zwecke der vorliegenden Untersuchung soll die Erhöhung des Grenzproduktes von GP auf GP' bei konstantem Arbeitseinsatz von h_0 als Ergebnis der Einwirkung des technischen Fortschritts auf das Gesamtprodukt gelten.

2.3.3. Die Analytik der Arbeitsüberschüsse

Prebisch fordert in seiner Theorie peripherer Wirtschaftspolitik die später zu erläuternde Eingliederung der überschüssigen Arbeitskräfte in den Produktionsprozeß. Zur Veranschaulichung dieser Nebenbedingung bei der Bestimmung eines Entwicklungsprozesses seien folgende Überlegungen angestellt: Die für die vorliegende Analyse gültige Definition des technischen Fortschritts ließe sich dahingehend umformulieren, daß nach Einwirken der technologischen Neuerungen das gleiche Gesamtprodukt auch mit geringerem Arbeitseinsatz zu erstellen sei. Auf diese Weise würde der technische Fortschritt Arbeitskräfte freisetzen, die in einer geschlossenen Wirtschaft zu dem oben gezeigten Ablauf des Enke-Modells führen würden. Das entscheidend Neue an dieser Analyse ist nun die Einbeziehung des Außenhandels und die damit verbundene Frage der Allokation der Faktorüberschüsse.

Die Analytik der überschüssigen Arbeitskräfte soll zu diesem Zweck eingehend behandelt werden. Zu dem dargestellten Überschuß durch Wirksamwerden des technischen Fortschritts tritt eine zweite Quelle zusätzlicher Arbeitsmengen, nämlich die sogenannten versteckt Arbeitslosen. In der üblichen Fassung liegt das Phänomen der verkappten Arbeitslosigkeit dann vor, wenn das Gesamtprodukt bei gegebenen Produktionsfunktionen nach Abzug eines Teils der Beschäftigten nicht geringer wird. Theoretisch wäre allgemein zu formulieren, daß die versteckt Arbeitslosen eine Grenzproduktivität von 0 oder kleiner als 0 aufweisen. Diese nicht exakte Begriffsbestimmung sei analytisch wie folgt verfeinert:[28]

Es ist bereits darauf hingewiesen worden, daß für die vorliegende Untersuchung die geleisteten Arbeitsstunden als Maß für die Arbeitsmenge verwendet werden, womit die in der Peripherie äußerst problematische Bestimmung der Arbeitsleistung pro Arbeiter umgangen wird. Zur Illustration dieses Gedankens soll die Kombination der auf dem Ertragsgesetz basierenden Kurven mit einem die durchschnittliche Arbeitszeit darstellenden System verwendet werden.

---

[28] Die Anregung zu dieser Analyse verdankt der Verfasser seinem verehrten Lehrer Prof. Dr. A. Paulsen.
Vgl. auch Amartya Kumar Sen, Choice of Techniques, An Aspect of the Theory of Planned Economic Development, Oxford, 1960, S. 13 ff.

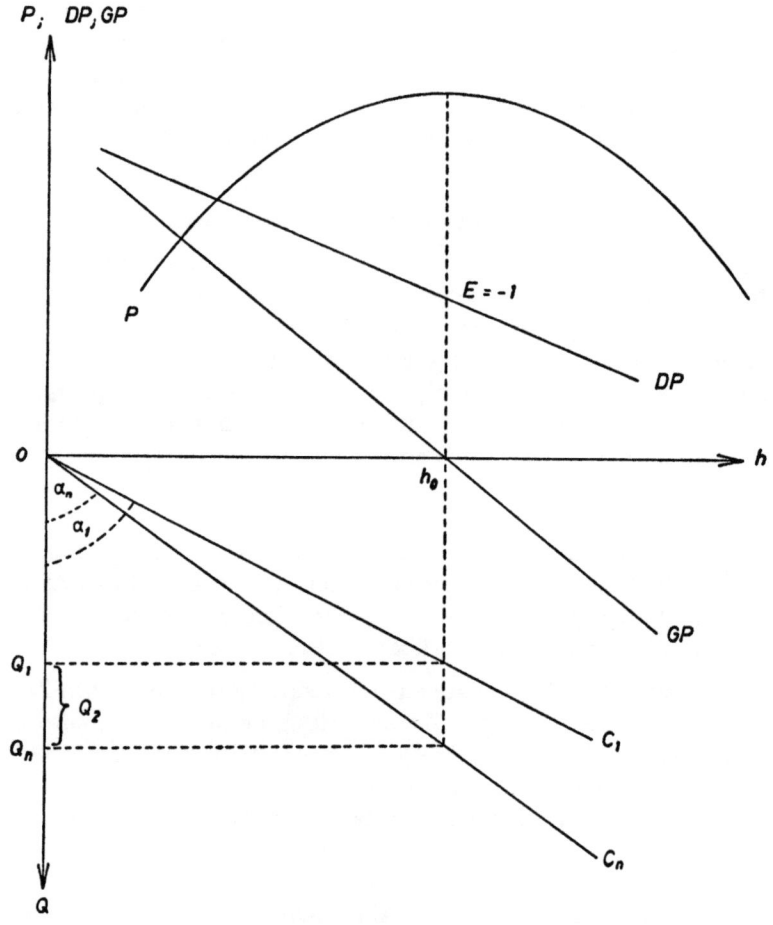

Abbildung 7

Im unteren Koordinatensystem werden die Zahl der verfügbaren Arbeitskräfte (Q) und die von diesen geleisteten Arbeitsstunden (h) in Beziehung gesetzt.

Es gelten folgende Beziehungen:

$$Q_n = Q_1 + Q_2$$

$$\operatorname{tg} \alpha_n = \frac{h_0}{Q_n} = C_n$$

$$\operatorname{tg} \alpha_1 = \frac{h_0}{Q_1} = C_1$$

Bei h_0 Arbeitsstunden hat das Gesamtprodukt P sein Maximum, das heißt, der h_0 entsprechende Punkt auf der Durchschnittsproduktkurve

2.3. Die Theorie der peripheren Wirtschaft

(DP) weist eine Elastizität von — 1 auf, und das Grenzprodukt der Arbeitsstunde (GP) hat den Wert 0. Um dieses Maximum zu erreichen, werden die verfügbaren Arbeitskräfte Q_n eingesetzt, deren durchschnittliche Arbeitszeit C_n beträgt[29]. Soll das Phänomen der verkappten Arbeitslosigkeit untersucht werden, so ist die Frage zu stellen, ob die Arbeitsstunden h_0 auch von einer geringeren Zahl von Arbeitskräften, zum Beispiel von Q_1, erbracht werden könnten. Das bedeutet aber eine Erhöhung der durchschnittlichen Arbeitszeit von C_n auf C_1. Die Arbeitskräfte $Q_2 = Q_n - Q_1$ könnten auf diese Weise bei gleichem Gesamtprodukt freigestellt werden.

Auf Grund dieser Darstellung kann die verschleierte Arbeitslosigkeit theoretisch exakt als eine zu hohe Zahl von Beschäftigten gemessen an deren erbrachter Durchschnittsarbeitszeit definiert werden. Durch geeignete Maßnahmen ergäbe sich bei Abbau der verkappten Arbeitslosigkeit die zweite Quelle von Arbeitskräften, die neben den vom technischen Fortschritt freigesetzten für eine Wiedereingliederung in den Produktionsprozeß in Frage kämen. In der folgenden Untersuchung sollen die aus beiden Quellen stammenden Arbeitskräfte kurz „Arbeitsüberschüsse" genannt und für die Analyse in Arbeitsstunden gemessen werden.

2.3.4. Industrialisierung trotz niedrigerer Importpreise?

Es wurde bereits dargelegt, daß bei Behandlung einer offenen Wirtschaft das Allokationsproblem nicht in der gezeigten Weise des Enke-Modells gelöst werden kann. Gegenstand der Betrachtung Prebischs ist aber eine an den Welthandel angeschlossene Wirtschaft, die — das gilt als Modellannahme — Exporteur von Agrarerzeugnissen und Importeur von Industrieprodukten ist. Prebisch, der seine Analyse speziell auf die Verhältnisse in Lateinamerika ausrichtet, unterstellt darüber hinaus bereits die Existenz eines peripheren Industriesektors, so daß die Modellanalyse wiederum auf einem Zwei-Güter-Zwei-Sektoren-Modell aufbaut. Die häufig kontroverse Frage, ob Industrialisierung für ein Entwicklungsland vorteilhaft sei und bis zu welchem Grade sie betrieben werden solle, ist für diese Untersuchung anders zu fassen. Es wurde gezeigt, daß technischer Fortschritt und Industrialisierung in einer geschlossenen Wirtschaft quasi als komplementäre Maßnahmen desselben Prozesses anzusehen sind. Wie ist dieses Zusammenspiel nun für eine offene Wirtschaft zu beurteilen? Dieser Frage ist in den folgenden Ausführungen nachzugehen.

---

[29] Die aus dem Ursprung kommenden Strahlen stellen die zu jeder Zahl von geleisteten Arbeitsstunden (h) gehörige Beschäftigtenzahl (Q) dar.

Der „neoklassische" Außenhandelstheoretiker würde das Problem mithilfe des Heckscher-Ohlin-Theorems zu lösen versuchen und seine Fragestellung darauf konzentrieren, ob eine Industrialisierung trotz niedrigerer Importpreise überhaupt zu vertreten sei. Das Zurückführen aller Außenhandelsbeziehungen auf die relative Faktorausstattung der beteiligten Länder und damit auf die Kostenunterschiede müßte in klassischer Sicht zur Verneinung dieser Frage führen. Die bekannten Schwächen des „neoklassischen" Modells, insbesondere die Vernachlässigung der Nachfrageseite, machen jedoch den Versuch einer Neufassung der Gleichgewichtsbedingung für die periphere Faktorallokation erforderlich. Hierbei wird der Begriff des sektoralen Realeinkommens eine große Rolle spielen, denn seine Veränderung soll als Kriterium für den Erfolg einer Entwicklungspolitik im Sinne Prebischs herangezogen werden.

Die vorliegende Untersuchung bleibt streng im Rahmen des üblichen Vorgehens der Marginalanalyse, das heißt, es wird nach einer Grenzbedingung zu suchen sein, die das Gleichgewicht eines Entwicklungsprozesses beschreibt und zugleich als optimale Allokation anzusehen ist. Ohne nähere Erläuterung sei das Problem dahingehend begrenzt, daß die in der Gewinnplanung verwendete Bedingung der Gleichheit von Grenzkosten und Grenzerlösen auf die Planung der Struktur eines Entwicklungslandes keine Anwendung finden kann. Aus den darzustellenden Gründen liegt das Gewinnmaximum für die Peripherie „irgendwo" jenseits der üblichen Gleichgewichtsbedingung. Prebisch tritt den Beweis an, daß Industrialisierung keinesfalls unwirtschaftlich für die Peripherie zu sein braucht, auch wenn die Kosten einer jungen Industrie höher sind als die Preise der entsprechenden Importgüter. Selbstverständlich, so führt er aus, je kleiner der Unterschied zwischen Importpreisen und inländischen Kosten für das gleiche Gut sei, um so günstiger sei die Ausgangssituation. Die Analyse will den Ansatz zu der Aussage liefern, daß das Allokationsoptimum für die Peripherie bei freiem Marktgeschehen nicht erreicht werden kann. Als Gleichgewichtsbedingung eines gesteuerten Prozesses dient deshalb folgende Konstruktion: Wird die Entwicklungsplanung vor die Frage gestellt, die überschüssigen Arbeitskräfte im oben definierten Sinne auf die beiden Sektoren der Peripherie zu verteilen, so wird sie die Zuwächse an Realeinkommen, die durch eine Expansion des Industriesektors entstehen, mit jenen vergleichen, die bei Expansion des Agrarsektors entstehen würden, wenn man dieselben Arbeitseinheiten dort eingesetzt hätte. Das Allokationsgleichgewicht bestünde demnach bei jenem Aufteilungsverhältnis, bei dem das Gesamtrealeinkommen beider Sektoren maximiert wird. An dieser Stelle sei eine Vertiefung und

Korrektur der Ausführungen Prebischs erlaubt, der den Leser hier nur mit unscharfen theoretischen Werkzeugen weiterführt.

Die grundlegende Annahme für die Untersuchung ist eine langfristige Verschlechterung der Terms of Trade zuungunsten der Peripherie, die in Kapitel 2.3.7. zu behandeln ist. Diese Tendenz bedeutet ein dauerndes, strukturell bedingtes Sinken der Preise für Exporterzeugnisse der Peripherie, welches, ließe man den Marktmechanismus unbeeinflußt, zu dauernden Transfers von Realeinkommensteilen aus der Peripherie in das Zentrum führt. Der klassische Ausgleichsmechanismus in der moderneren Form von Wechselkursänderungen bringt hier keine Lösung im Sinne des beschriebenen Optimums, sondern „bewerkstelligt" die Einkommenstransfers in das Zentrum. Eine Devalvierung der peripheren Währung, die durch Disparitäten in den Elastizitäten der Nachfrage begründet sein kann, würde als Konstatierung des Ergebnisses des freien Spiels der Marktkräfte anzusehen sein. Wegen der geringen Einkommens- und Preiselastizitäten ist jedoch nicht damit zu rechnen, daß die Abwertung, der eine Preissenkung in ausländischer Währung entspricht, zu einer wesentlichen Expansion des Exportsektors führt. Bei einer einmaligen, durch Abwertung herbeigeführten Preissenkung kann also nur ein geringer Teil des Überschusses an Arbeitseinheiten aufgenommen werden; darüber hinaus werden die Preise weiter fallen. Die Verteuerung der Importe aus dem Zentrum auf Grund der Abwertung wird neue Industrien entstehen lassen, die vor der Abwertung wegen der günstigeren Importpreise nicht konkurrenzfähig waren. Dieser Prozeß, eingeleitet von einer „marktbefohlenen" Abwertung, wird bei derjenigen Aufteilung der Arbeitsüberschüsse sein Gleichgewicht finden, wo die Durchschnittsprodukte in beiden Sektoren, dem exportorientierten Agrarsektor und dem „jungen" Industriesektor, gleich sind. Eine solche Gleichgewichtsbestimmung, für die im Folgenden an einem stark vereinfachenden Modell der mathematische Beweis geführt werden soll, ist nach Prebisch nicht ausreichend zur Optimalisierung der Faktorallokation im Entwicklungsprozeß, denn sie führt zur „Verarmung" der Peripherie. Die Theorie von Prebisch will vielmehr das „Gesetz der säkularen Verschlechterung der Terms of Trade" als gültig ansehen und das Gleichgewicht unter Berücksichtigung der durch den Preisfall entstehenden Realeinkommenstransfers in das Zentrum bestimmt wissen.

2.3.5. Die Analytik des Allokationsgleichgewichtes

2.3.5.1. Grundlegung und Annahmen

Zur theoretischen Darstellung der gemeinten Zusammenhänge soll die folgende Analytik verwendet werden, die von Prebisch nur beiläufig und ungenau eingesetzt wird. Gegenstand der Betrachtung sind

2. Außenhandel und Entwicklung

die beiden genannten Sektoren der Peripherie. Für jeden Sektor werden getrennt jeweils die Durchschnitts- und Grenzproduktkurven in zwei Koordinatensystemen dargestellt, wobei die Gültigkeit des Ertragsgesetzes angenommen, nur der Teil fallender Durchschnittsprodukte betrachtet und aus Gründen der Vereinfachung von geradlinigen Kurvenverläufen ausgegangen wird. Da die Wirkung des technischen Fortschritts, wie oben erläutert, durch eine Verlagerung der Durchschnittsproduktkurve leicht in das Bild aufzunehmen ist, wird für die Analyse eine gegebene Produktionsfunktion vorausgesetzt. Ferner wird nur der Faktor Arbeit berücksichtigt, für den volle intersektorale Mobilität unterstellt wird. Um in dem Zwei-Güter-Zwei-Sektoren-Modell eine Vergleichbarkeit zu ermöglichen, werden die Durchschnitts- und Grenzprodukte bewertet, das heißt, die Ordinaten erhalten einen einheitlichen Wertmaßstab. Dieser soll in ausländischer Währung festgelegt und so gewählt werden, daß die Maxima der beiden sektoralen Kurven des bewerteten Durchschnittsprodukts den gleichen Ordinatenwert haben. Der Preis des Agrarproduktes sei dabei als 1 angenommen, eine Vereinfachung, die bei späterer Variation des Agrarpreises eine Rolle spielt.

In Abbildung 8 stellen die Abszissen die Beschäftigungsmengen in geleisteten Arbeitsstunden im Agrar- und Industriesektor der Peripherie (h_a und h_i) dar. Auf den Ordinaten sind jeweils die Werte der Durchschnitts- und Grenzprodukte in den beiden Sektoren (WDP_a, WGP_a und WDP_i, WGP_i) abgetragen[30].

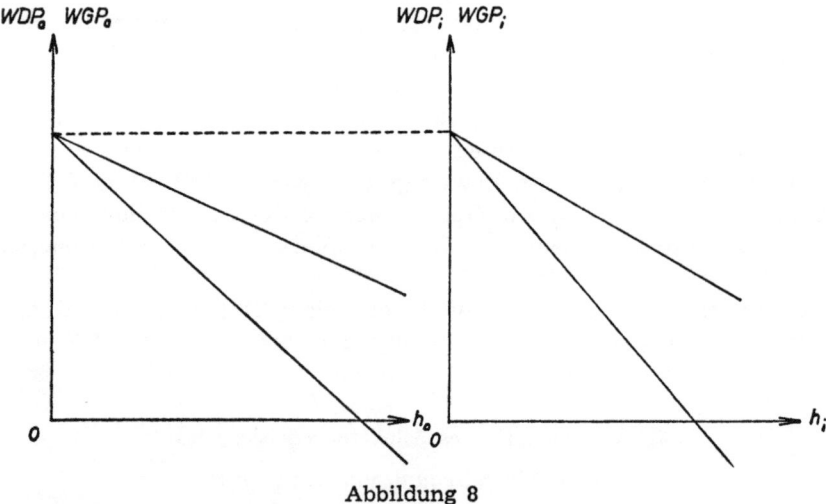

Abbildung 8

---

[30] Für die folgende Ableitung werden die Kurven wegen der besseren geometrischen Übersichtlichkeit bis zur Ordinate durchgezogen, was streng genommen unzulässig ist.

2.3. Die Theorie der peripheren Wirtschaft

Da es sich bei den bewerteten Durchschnittsproduktkurven um gesamtwirtschaftliche Aggregate handelt, sind sie mit den makroökonomischen durchschnittlichen Lohnkurven zu identifizieren. Wird dazu die vereinfachende Annahme konstanter Gewinne pro Arbeitseinheit eingeführt, so braucht auf die WDP-Kurve, die den Lohn pro Arbeitseinheit darstellt, nur eine Parallele gelegt zu werden, um die Kurve des Durchschnittseinkommens (DY) gemessen in ausländischer Währung zu erhalten.

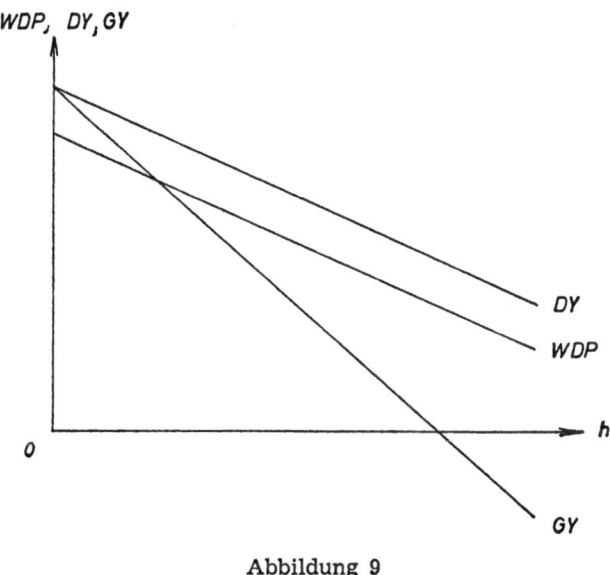

Abbildung 9

Die DY-Kurve bedeutet die durchschnittliche Einkommenshöhe; GY ist konstruktionsgemäß das dazugehörige Grenzeinkommen, das heißt, GY bemißt die Veränderung des Gesamteinkommens bei Veränderung der Arbeitsmenge um eine Einheit.

Für den Verlauf der Analyse soll der unter den bewußt stark vereinfachenden Annahmen gewonnene Begriff des Durchschnittseinkommens (DY) verwendet werden. Es wird behauptet, daß zwischen den beiden Sektoren ein Allokationsgleichgewicht besteht, wenn die Arbeitsmengen so aufgeteilt sind, daß die DY-Werte auf den beiden Ordinaten gleich sind. Das Gleichgewicht liegt mit anderen Worten dann vor, wenn das Pro-Kopf-Einkommen in beiden Sektoren gleich ist und kein Anlaß für den Faktor Arbeit zur intersektoralen Wanderung besteht. Für die zu untersuchende Ausgangssituation, in der beide DY-Kurven mit dem gleichen Ordinatenabschnitt beginnen, sind bei dieser gleichgewichtigen Aufteilung der Arbeitsmengen auch die Grenzeinkommen (GY) gleich.

Vor einer Weiterführung der Gedanken Prebischs soll das oben Ausgesagte mit mathematischer Methodik bewiesen und vertieft werden, wobei zu zeigen ist, daß der Ausgleich der Durchschnittseinkommen zwischen den beiden Sektoren unter der Bedingung der Maximierung des Gesamteinkommens in den beiden Sektoren zu erreichen ist. Dies kann aber nach der bekannten Analytik nur der Fall sein, wenn auch die Grenzeinkommen beider Sektoren gleich sind. Die verwendete Konstruktion ist rein instrumentell bei allen ähnlichen Problemen einzusetzen und hat deshalb allgemeine Gültigkeit. Die mit ihrer Hilfe gewonnenen Ergebnisse dienen später zur Darstellung der Wirkung von Preisänderungen[31], die annahmegemäß bislang eliminiert sind.

2.3.5.2. Allgemeine Lösung

Auf Grund gegebener Durchschnittseinkommenskurven gelten die Grenzeinkommenskurven vom Typ

(1) $$y_1 = -a_1 x_1 + y_0$$

für den Agrarsektor und

(2) $$y_2 = -a_2 x_2 + y_0$$

für den Industriesektor der Peripherie.

Beide Kurven werden in ein Koordinatensystem gebracht, in welchem auf der Abszisse Arbeitseinheiten (x) und auf der Ordinate das Grenzeinkommen (y) abgetragen sind (Abb. 10).

Auf der Abszisse gelte folgende Beziehung:

(3) $$x_n = x_{01} + b + x_{02} + c$$

x_n = gesamte vorhandene periphere Arbeitsmenge in beiden Sektoren zusammen (gemessen in Stunden).

x_{01} = diejenige Beschäftigungsmenge im Agrarsektor, deren Produkt zu konstanten Preisen abgesetzt werden kann. Bei Mehreinsatz über x_{01} hinaus fällt der Preis und damit — über ein Sinken des Wertes des Durchschnittsproduktes — das Durchschnittseinkommen.

Voraussetzung für diesen später einzuführenden Preisfall sind positive Grenzprodukte, das heißt, es wird nur der elastische Teil der Durchschnittskurve berücksichtigt.

x_{02} = diejenige Beschäftigungsmenge im Industriesektor, bei der die inländische, periphere Produktion im Vergleich mit den

---

[31] Siehe Kapitel 2.3.5.5.

2.3. Die Theorie der peripheren Wirtschaft

Importpreisen wettbewerbsfähig ist. Bei Mehreinsatz über x_{02} hinaus wären Importe billiger, das heißt, die Inlandskosten wären größer.

b = Mehreinsatz überschüssiger Arbeit im Agrarsektor über x_{01} hinaus.

c = Mehreinsatz überschüssiger Arbeit im Industriesektor über x_{02} hinaus.

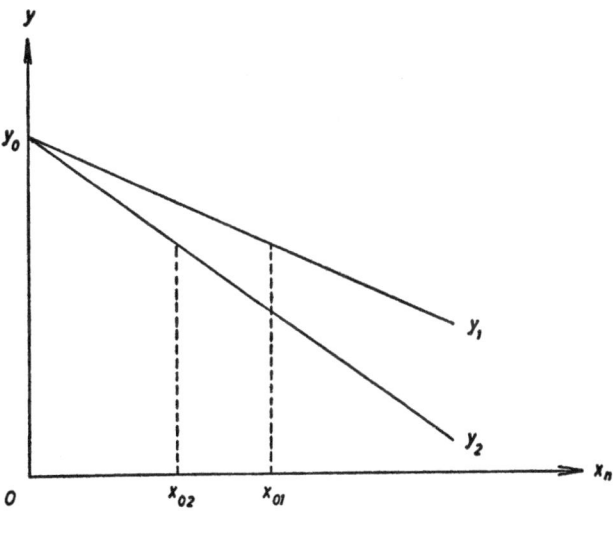

Abbildung 10

b + c ist die Gesamtmenge überschüssiger Arbeit, die über $x_{01} + x_{02}$ hinaus in den Prozeß eingegliedert werden soll. Dieses Eingliederungsproblem wäre wie folgt zu fassen: b und c sind in der Weise auf die Sektoren aufzuteilen, daß das Gesamteinkommen beider Sektoren maximiert wird. In mathematischer Formulierung ist das Gesamteinkommen das Integral über den beiden Grenzkurven y_1 und y_2. Für den Maximalwert von b und c muß die Änderung der Integrale bei Änderung von b und c gleich 0 werden. Es ist dies die erste Ableitung, die gleich 0 gesetzt wird, um das Maximum oder Minimum zu erhalten. Eine spätere Prüfung des Ergebnisses über die zweite Ableitung wird den Beweis erbringen, ob in dem betrachteten Fall ein Maximum oder Minimum vorliegt. Da durch Gleichung (3) ein zwingender Zusammenhang von b und c gegeben ist — b plus c ist der Gesamtüberschuß an Arbeit — braucht die Rechnung nur für b durchgeführt zu werden.

2. Außenhandel und Entwicklung

$$\underbrace{\frac{d}{db} \cdot \left(\int_{x_1=0}^{x_2=x_{01}+b} y_1(x)\,dx + \int_{0}^{x_{02}+c} y_2(x)\,dx \right) = 0}_{F}$$

$$\frac{dF}{db} = y_1(x_{01} + b) \frac{db}{db} + y_2(x_{02} + c) \frac{dc}{db} = 0$$

Das ist der Funktionswert F jeweils an der oberen Grenze des Integrals. Aus (3) gilt:

$$c = x_n - x_{01} - x_{02} - b$$

Daraus folgt:

$$\frac{dc}{db} = -1$$

da alle anderen Größen in (3) Konstanten sind.

$$\frac{dF}{db} = y_1(x_{01} + b) - y_2(x_{02} + c)$$

Zur Verringerung der Anzahl der Variablen sollen x_{02} und c durch x_{01} und b über (3) ausgedrückt werden. Es ergibt sich folgender Ausdruck:

(4) $$y_1(x_{01} + b) - y_2(x_n - x_{01} + b) = 0$$

Als weitere Vereinfachung wird eine „Abkürzungsvariable" eingeführt, die lautet:

$$x_{01} + b \equiv \bar{x}$$

Durch Gleichung (4) ist der „Schnittpunkt" der beiden Kurven y_1 und y_2 gegeben, der $\bar{x}_0$ heißen soll. Dieser „Schnittpunkt" soll unten bei der Behandlung des anschaulichen Inhalts dieser Analyse dargestellt werden.

(5) $$\boxed{y_1(\bar{x}_0) = y_2(x_n - \bar{x}_0)}$$

Diese Gleichung (5) ist die allgemeine, für jede beliebige Funktion y_1 und y_2 gültige Bedingung, bei der

$$\bar{x}_0 = x_{01} + b_{max.}$$

ist, das heißt, bei der $b_{max.}$ und $c_{max.}$ so gewählt sind, daß das Gesamteinkommen in beiden Sektoren bei gegebenen Faktormengen maximiert wird.

Zum Erreichen des erwähnten „Schnittpunktes", der sich ohne weitere Manipulationen bei den gegebenen Funktionen nicht einstellen würde, sei folgende Konstruktion zur Veranschaulichung versucht:

2.3. Die Theorie der peripheren Wirtschaft

Der Inhalt von Gleichung (5) soll darin liegen, daß $\bar{x}_0$ den Schnittpunkt darstellt zwischen der Funktion $y_1(\bar{x})$ im Koordinatensystem $(y;\bar{x})$ und der an der Ordinate gespiegelten und um den Betrag x_n verschobenen Funktion $y_2(-\bar{x}+x_n)$ im gleichen Koordinatensystem. Das heißt aber, daß y_2 durch Spiegelung und Translation um x_n aus y_1 transformiert wird.

Darstellung der Spiegelung allein ohne Translation:

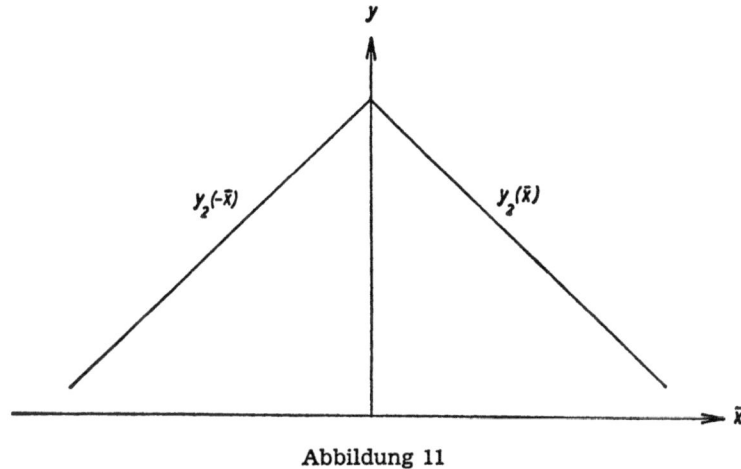

Abbildung 11

Darstellung der Spiegelung + Translation = Transformation:

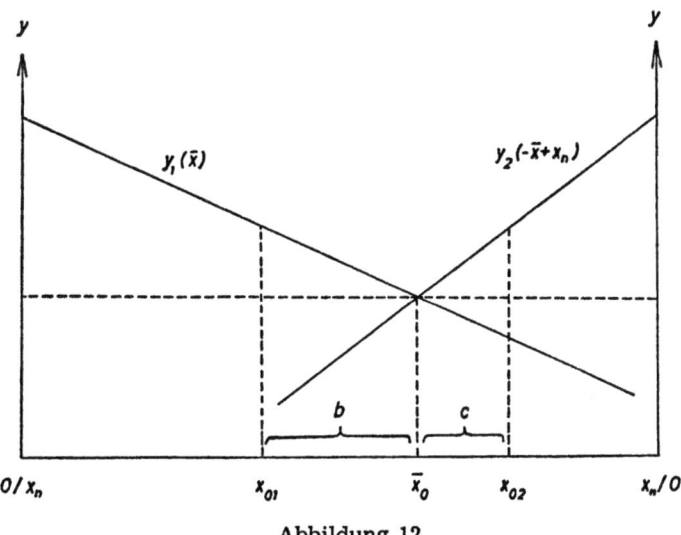

Abbildung 12

Auf diesem Wege ist die Lösung des Aufteilungsproblems zeichnerisch darzustellen. Die gesamte Arbeitsmenge x_n ist auf der Abszisse von links nach rechts und von rechts nach links abgetragen; der Punkt $\bar{x}_0$ wird durch „laufende" x-Werte ermittelt. Die überschüssige Arbeitsmenge b + c ist dann optimal aufgeteilt, wenn die Grenzeinkommen in beiden Sektoren gleich sind, das heißt, wenn die y-Werte gleich sind, was nur in dem durch $\bar{x}_0$ gegebenen Aufteilungsschema der Fall ist.

2.3.5.3. Spezielle Lösung

Für die spezielle Anwendung von Gleichung (5) auf zwei Grenzeinkommenskurven geradlinigen Verlaufes soll die folgende allgemeine Aussage über die Aufteilung der Überschüsse b und c gemacht werden: Ausgehend von der allgemeinen Form

$$y = -ax + y_0$$

sind die Gleichungen für die Grenzkurven der beiden Sektoren folgendermaßen auszudrücken:

$$y_1(\bar{x}) = -a_1\bar{x} + y_0 \quad \text{und} \quad y_2(-\bar{x} + x_n) = -a_2(-\bar{x} + x_n) + y_0$$

Um eine allgemein gültige Aussage zu erhalten, werden die beiden absoluten Glieder nunmehr als verschieden angenommen, das heißt, die Maxima der beiden sektoralen Durchschnittseinkommenskurven haben nicht mehr den gleichen Ordinatenwert. Die Abschnitte y_0 werden mit y_{01} und y_{02} bezeichnet; durch Gleichsetzen ergibt sich:

$$a_1\bar{x}_0 + y_{01} = a_2(-\bar{x}_0 + x_n) + y_{02}$$

Der Ausdruck wird nach dem Schnittpunkt $\bar{x}_0$ aufgelöst:

$$a_1\bar{x}_0 + y_{01} = -a_2\bar{x}_0 + a_2 x_n + y_{02}; \quad a_1\bar{x}_0 + a_2\bar{x}_0 = a_2 x_n + y_{02} - y_{01}$$

$$\bar{x}_0(a_1 + a_2) = a_2 x_n + y_{02} - y_{01}; \quad \bar{x}_0 = \frac{a_2 x_n + y_{02} - y_{01}}{a_1 + a_2}$$

(6) $$\bar{x}_0 = \frac{a_2}{a_1 + a_2} x_n + \frac{y_{02} - y_{01}}{a_1 + a_2}$$

Der zweite Summand in (6) berücksichtigt die unterschiedlichen Ordinatenabschnitte aller geradlinigen Grenzeinkommenskurven; er kann als Korrekturglied der allgemeinen Lösung aufgefaßt werden, welches im bisher betrachteten Fall von $y_{01} = y_{02} = y_0$ Null wird.

Wird die Hilfsvariable $\bar{x}_0 = x_{01} + b_{max.}$ wieder aufgelöst, so wird aus (6) für den Fall $y_{01} = y_{02}$

$$x_{01} + b = \frac{a_2}{a_1 + a_2} x_n$$

oder

(7) $$b_{max.} = \frac{a_2}{a_1 + a_2} x_n - x_{01}$$

Der im Agrarsektor zu beschäftigende Überschuß $b_{max.}$ ist nach Gleichung (7) abhängig von den Steigungen der beiden Grenzeinkommenskurven und der Differenz zwischen der gesamten zur Verfügung stehenden Arbeitsmenge x_n und der Beschäftigungsmenge x_{01} im Agrarsektor. Über Gleichung (3) läßt sich $c_{max.}$ ermitteln, womit die Aufgabe der Allokation des „Arbeitsüberschusses" auf die beiden Sektoren unter der Bedingung der Einkommensmaximierung formal gelöst ist[32]. Die in Gleichung (5) enthaltene allgemeine Lösung des Aufteilungsproblems gilt auch für nicht-lineare Verläufe der marginalen Einkommenskurven. Die Formulierung für $b_{max.}$ und $c_{max.}$, die in Gleichung (7) nur für lineare Kurvenverläufe gegeben ist, würde mathematisch komplizierter sein und sich durch die Tangentenlösung darstellen lassen. Bei Betrachtung der einzelnen Punkte einer nichtlinearen Kurve müßte mit einer Serie von Tangenten gearbeitet werden, wodurch dann grundsätzlich die gleiche Aussage zu erzielen ist.

2.3.5.4. Das Allokationsgleichgewicht in einer geschlossenen Wirtschaft

Die mathematische Ergänzung der Theorie Prebischs, die in ihrer ursprünglichen Form ohne jede tiefere Analytik dargeboten wird, erlaubt nun die Verwendung einfacherer Darstellungsformen. Unter der Annahme der Gültigkeit des Ertragsgesetzes, bei ausschließlicher Betrachtung des Teiles fallender Durchschnittsprodukte, bei linearen Kurvenverläufen und konstantem Gewinnzuschlag pro Arbeitseinheit sei das Allokationsproblem für ein Zwei-Güter-Zwei-Sektoren-Modell zusammenfassend wie folgt gelöst:

In einem durch Transformation gewonnenen System werden die Grenzeinkommenskurven für den Agrar- und den Industriesektor der Peripherie gegeneinanderlaufend dargestellt, wobei der Schnittpunkt die gleichgewichtige Aufteilung aller vorhandenen Arbeitseinheiten auf die beiden Sektoren angibt. Hierbei werden die eingangs benutzten Symbole durch die bei der mathematischen Analyse verwendeten ersetzt. Es sei daran erinnert, daß auf der Abszisse die Arbeitsmengen „gegeneinander" abgetragen werden; es handelt sich also um dieselben Mengen in beiden Richtungen (Abb. 12).

---

[32] Da die zweite Ableitung des Ausdrucks dF/db nach Einsetzen kleiner als 0 wird, ist der Beweis erbracht, daß der Extremwert bei $\bar{x}_0$ ein Maximum ist.

2. Außenhandel und Entwicklung

Als Nebenbedingung der gesamtwirtschaftlichen Einkommensoptimierung wurde die Eingliederung der Arbeitsüberschüsse laut vorangehender Definition betrachtet. Aus diesem Grunde soll sich die Analyse auf den Teil der Graphik (Abb. 12) beschränken, der zwischen x_{01} und x_{02} liegt und $b_{max.}$ und $c_{max.}$ bestimmt. Die im Agrarsektor beschäftigte Arbeitsmenge x_{01}, bei welcher der entsprechende Punkt auf der DY-Kurve im elastischen Bereich liegt, das heißt positive Grenzeinkommen[33] bestehen, soll dadurch bestimmt sein, daß das mit dieser Beschäftigungsmenge erstellte Gesamtprodukt, welches im elastischen Bereich steigt, zu konstanten Preisen abgesetzt werden kann; das einer Beschäftigung von größer als x_{01} entsprechende steigende reale Gesamtprodukt führt zu einem Sinken des Weltmarktpreises für das betreffende Agrarprodukt. Die Einführung dieser „Gesetzmäßigkeit" wird bei Behandlung der Terms of Trade in Kapitel 2.3.7. genauer zu untersuchen sein. Die im Industriesektor beschäftigte Arbeitsmenge x_{02} ist dadurch gekennzeichnet, daß bis zu dieser Höhe volle Wettbewerbsfähigkeit der jungen Industrie mit den Importgüterpreisen vorliegt. Darüber hinaus ist der Import lohnender und wird weitere Industrialisierungsmaßnahmen hemmen. Grundlegende Annahme für beide Sektoren ist bei dieser Analyse die Wirksamkeit der Marktkräfte, die durch intersektorale Wanderung einen Ausgleich der durchschnittlichen Einkommenshöhe, gemessen in ausländischer Währung, herstellen.

Das Bild wird auf den zwischen x_{01} und x_{02} liegenden Ausschnitt reduziert. Die Ausgangssituation sei — wie oben — durch Gleichheit der Ordinatenabschnitte ($y_{01} = y_{02}$) im ursprünglichen Gesamtdiagramm gekennzeichnet, was laut Konstruktion bedeutet, daß sich die GY- und die DY-Kurven der beiden Sektoren bei der gleichen Aufteilung $\bar{x}_0$ schneiden.

---

[33] Der theoretische Zusammenhang dieser Größen ist durch die bekannte Beziehung der Amoroso-Robinson-Relation bestimmt:

$$GY = DY\left(1 + \frac{1}{E}\right)$$

Die Gleichgewichtsbedingung $GY_a = GY_i$ ließe sich damit wie folgt formulieren:

$$DY_a\left(1 + \frac{1}{E_a}\right) = DY_i\left(1 + \frac{1}{E_i}\right)$$

$$\frac{DY_a}{DY_i} = \frac{1 + \dfrac{1}{E_i}}{1 + \dfrac{1}{E_a}}$$

Die E-Werte geben unter den gemachten Annahmen die Elastizitäten des Einkommens hinsichtlich einer Veränderung der Arbeitsmenge an.

2.3. Die Theorie der peripheren Wirtschaft   51

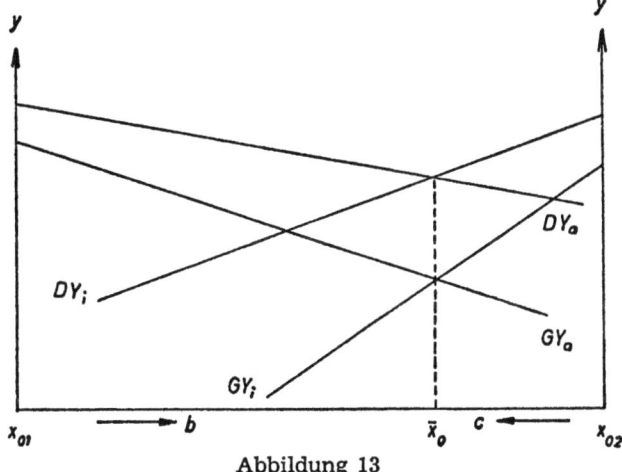

Abbildung 13

In einer geschlossenen peripheren Wirtschaft würde sich bei freiem Spiel der Marktkräfte der Punkt $\bar{x}_0$ als Allokationsgleichgewicht einstellen; wie würde jedoch eine Modifizierung der Kurvenverläufe vorzunehmen sein, wenn das Produkt des Agrarsektors exportiert wird und das Industrieprodukt importkonkurrierend ist?

2.3.5.5. Das Allokationsgleichgewicht in einer offenen Wirtschaft

Da der Prozeß an einem Zwei-Güter-Modell demonstriert wird, kann in der Analyse nur von einem einzigen Industrieprodukt gesprochen werden, unter dem aber höchst heterogene Erzeugnisse der jungen Industrie zusammengefaßt werden sollen. Eine Ausdehnung der Beschäftigung im Industriesektor ist also nicht als Mehrproduktion eines einzigen Gutes zu verstehen — wie theoretisch exakt auf Grund der vorliegenden Durchschnittsproduktkurve zu folgern wäre — sondern kann als Gründung neuer Industriebranchen mit völlig neuen Produkten, die als Importsubstitute gelten, aufgefaßt werden. Auf die Problematik der Verwendung einer aggregierten Durchschnittsproduktkurve für den gesamten Industriesektor soll hier nicht näher eingegangen werden.

An dieser Stelle wird der Begriff des Realeinkommenstransfers einzuführen sein, der die Gleichgewichtssituation aus den zu erläuternden Gründen aus $\bar{x}_0$ heraus verlagern wird. Bevor das Modell wieder in Gesamtdarstellung betrachtet wird, sollen die Vorgänge bei Einsatz der Arbeitsüberschüsse in beiden Sektoren getrennt analysiert werden. Für den Agrarsektor gelte folgende Konstruktion:

Steigt der Arbeitseinsatz über x_{01} hinaus, so soll ein fortlaufender Preisfall unter den angenommenen Preis von 1 je Einheit des Agrarproduktes eintreten. Die Einführung des Preisfalles ist eine Folge der für die Produkte der Peripherie als typisch angenommenen geringen Preis- und Einkommenselastizitäten der Nachfrage. Darzustellen ist der Einfluß der im elastischen Bereich der Durchschnittsproduktkurve steigenden Gesamtmenge auf den Preis. Zu diesem Zweck wird das Instrument der Preisflexibilität verwendet, welches durch Umformulierung der Preiselastizität gewonnen wird:

$$F_{p,q} = \frac{dp}{p} : \frac{dq}{q}$$

Es ist ersichtlich, daß F der reziproke Wert der Preiselastizität der Nachfrage E ist. Wird E also als „klein" angenommen, so muß F im vorliegenden Falle „groß" sein. Die geringe Einkommenselastizität der Nachfrage nach Primärerzeugnissen der Peripherie wird bei Behandlung der Terms of Trade ausführlicher dargestellt.

Von x_{01} an ergibt sich also eine neue Durchschnittseinkommenskurve in Form eines Hyperbelastes. Je nachdem, ob die kontinuierliche Preissenkung linear, progressiv oder degressiv verläuft, ist die neue Durchschnittseinkommenskurve stärker oder schwächer gewölbt. Folgende arithmetische Formulierung veranschauliche den gemeinten Sachverhalt:

$$DP = -ax + y_0$$

Der Wert des Durchschnittsproduktes (WDP), der identisch mit dem Durchschnittseinkommen (DY) sein soll[34], ist gleich dem Durchschnittsprodukt (DP) multipliziert mit dem Preis.

$$WDP = DY = (-ax + y_0) \cdot p(x)$$
$$DY = -ax \cdot p(x) + y_0 \cdot p(x)$$

Für $\quad 0 \leq x_0 \leq x_{01} \quad$ gilt $\quad p(x) = \bar{p} = 1 \quad$ oder

$$WDP = DY = -ax + y_0.$$

Für $x_{01} \leq x_0 \leq \bar{x}_0$ wird ein kontinuierlicher Preisfall festgestellt, so daß die Form der Durchschnittseinkommenskurve ab x_{01} nicht mehr mit der Durchschnittsproduktkurve identisch ist.

Aus Gründen der Vereinfachung soll für die vorliegende Analyse, die allein auf einen Nachweis des Prinzips abgestellt ist, eine solche fortlaufende Preissenkung angenommen werden, bei der für den elastischen Teil der Durchschnittsproduktkurve ein geradliniger Verlauf der neuen durchschnittlichen Einkommenskurve über x_{01} hinaus vorliegt. Es würde dies je nach Lage der Kurve bei einem bestimmten kontinuierlichen linearen oder progressiven Preisfall gegeben sein, was mathematisch leicht zu beweisen ist; auf diesen Beweis soll hier ver-

---

[34] Unter Vernachlässigung des konstanten Gewinnzuschlages

2.3. Die Theorie der peripheren Wirtschaft

zichtet werden. Die in Abb. 14 gezeigten Kurven gelten nunmehr für den peripheren Agrarsektor.

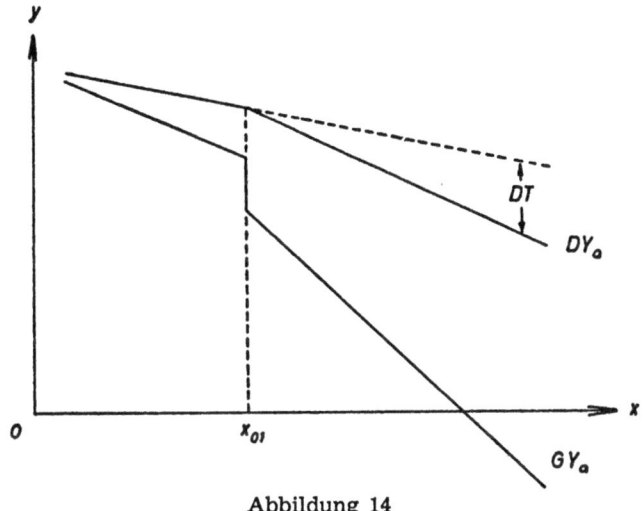

Abbildung 14

Im Agrarsektor fällt das Einkommen pro Arbeitseinheit bei gegebener Technik entsprechend dem Ertragsgesetz und dem Sinken der Weltmarktpreise für Agrarprodukte, was als Transfer von Einkommensteilen (DT) in das Zentrum bezeichnet wird.

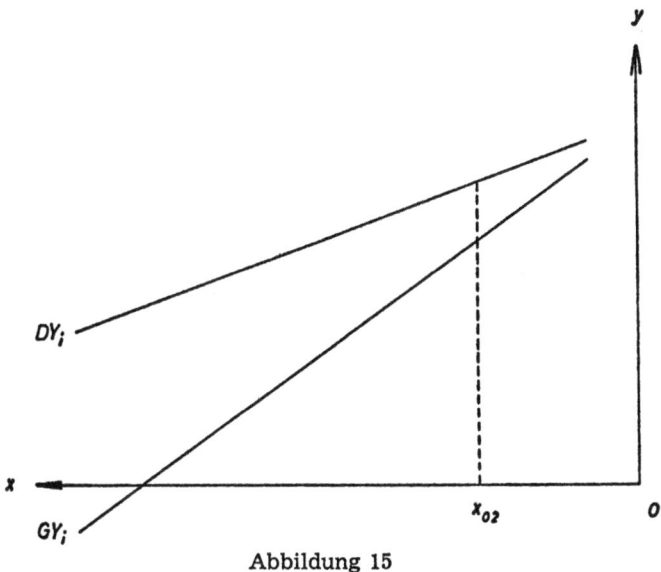

Abbildung 15

Im Industriesektor hingegen wird das durchschnittliche Einkommen nur mit der geringer werdenden Produktivität pro Arbeitseinheit im

Verhältnis zum Zentrum sinken, denn das Fallen der Löhne bedeutet gleichzeitig einen Preisrückgang bei den importkonkurrierenden peripheren Industrieerzeugnissen, was in bezug auf das Realeinkommen lediglich einen internen Transfer bedeutet, nicht aber einen solchen nach außen. Die Durchschnittseinkommenskurve des Industriesektors hätte das in Abb. 15 gezeigte Aussehen.

Bei Einsatz der Arbeitsmenge x_{02} sind die industriellen Kosten wettbewerbsfähig im Vergleich zu den Importpreisen. Entsprechend der technischen Unterlegenheit der Peripherie, ausgedrückt durch das später zu behandelnde „Produktivitätsverhältnis" zwischen Peripherie und Zentrum, werden die Reallöhne fallen und bei gegebener Technik und freiem internationalen Warenverkehr eine Ausdehnung der Beschäftigungsmenge über x_{02} hinaus ermöglichen. Wie bereits erwähnt, liegt hier kein Einkommenstransfer nach außen vor, denn der Lohnsenkung entspricht eine Preissenkung im Inlande.

Wird die Peripherie als offene Wirtschaft betrachtet, so ergäbe sich für das in Abb. 13 gezeigte Allokationsgleichgewicht folgende Modifizierung: Es ist zu beweisen, daß unter vollkommenen Marktverhältnissen bei dem beschriebenen Gleichgewicht $\bar{x}_1$ ein Realeinkommensverlust eintritt, der durch die ab x_{01} einsetzenden Preisrückgänge für Agrarprodukte verursacht wird. Ein solcher Preisrückgang für Exportwaren ist einer Abwertung der inländischen Währung gleichzusetzen, die zu den behandelten Transfers führt. Das sich „automatisch" einstellende Allokationsgleichgewicht muß also korrigiert werden, um die sich kumulierenden Transfers von Realeinkommensteilen in das Zentrum zu unterbinden. Ohne an dieser Stelle die wirtschaftspolitischen Instrumente einer solchen Korrektur zu erörtern, sei das Gemeinte an dem bekannten Modell demonstriert.

Die Darstellung (Abb. 16) ist auf den Bereich der einzugliedernden Arbeitsmengen (b + c) beschränkt; die Kurvenverläufe entsprechen den oben erläuterten Annahmen. Das Gleichgewicht $\bar{x}_1$ wird sich bei freiem Marktgeschehen und festem Wechselkurs einstellen, entspricht jedoch nicht der Bedingung der Einkommensmaximierung, denn laut vorstehender Konstruktion liegt bei Gleichheit der Durchschnittseinkommen in ausländischer Währung ($DY_a = DY_i$) keine Gleichheit der Grenzeinkommen vor. Die Kurve des Grenzeinkommens im Agrarsektor (GY_a) weist vielmehr bei x_{01} einen „Sprung" oder Unstetigkeitsintervall auf, der sich am „Knick" der DY_a-Kurve konstruktionsgemäß (Abb. 14) ergibt. Der neue Schnittpunkt der beiden sektoralen Grenzeinkommenskurven ($GY_a = GY_i$) liegt bei einer Aufteilung der Arbeitsüberschüsse von $\bar{x}_2$, was nach Gleichung (5) Gesamteinkommensmaximierung bedeutet.

2.3. Die Theorie der peripheren Wirtschaft

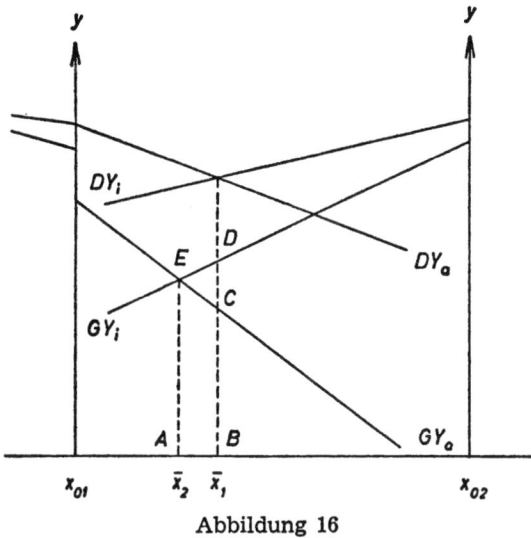

Abbildung 16

Der Einkommensverlust, der durch eine spontane, das heißt vom Markt bewirkte Entwicklung auftritt, ist analytisch in Abb. 16 darzustellen. Dazu ist das von den beiden Sektoren erstellte zusätzliche Gesamteinkommen (= Pro-Kopf-Einkommen mal zusätzlicher Arbeitsmenge) zu betrachten, welches sich alternativ bei Ausdehnung des Agrarsektors über $\bar{x}_2$ hinaus und bei Ausdehnung des Industriesektors über $\bar{x}_1$ hinaus ergeben würde. Ersteres ist dargestellt durch die Fläche ABCE, letzteres durch die Fläche ABDE. Es ist ersichtlich, daß ABDE größer ist als ABCE; die Differenz CDE ist als Reinverlust bei einer spontanen Aufteilung $\bar{x}_1$ anzusehen. Die neue Aufteilung $\bar{x}_2$ wird demnach vorzuziehen sein, jedoch wird sie sich nicht automatisch einstellen, sondern nur mithilfe wirtschaftspolitischer Mittel zu erreichen sein. Als anschaulicher Inhalt dieser Analyse gilt also die Aussage, daß die Peripherie einer „Ausbeutung" durch das Zentrum nur dann entgehen kann, wenn die periphere Wirtschaft durch gezielte Maßnahmen umstrukturiert wird.

2.3.6. Darstellung des Transferprozesses

2.3.6.1. Das Produktivitäts- und Lohnverhältnis

Zur Vertiefung der Analytik des Transferprozesses nach Prebisch soll die Beziehung von Durchschnittsproduktivitäten und Durchschnittslöhnen verwendet werden. Unter Vernachlässigung des konstanten Gewinnzuschlages, der auf das zu zeigende Prinzip annahmegemäß keinen Einfluß ausüben soll, wäre zu formulieren, daß der Wert des Durchschnittsproduktes in ausländischer Währung gleich dem Durchschnittslohn in ausländischer Währung ist. Gleichheit der peripheren Lohnhöhen in ausländischer Währung herrscht danach bei jener Aufteilung der Arbeitseinheiten, bei der die Werte der Durchschnittsprodukte gleich sind. Es ist dies in Abb. 16 bei $\bar{x}_1$ gegeben, wo sich DY_a und DY_i schneiden. Die bei $\bar{x}_1$ herrschende einheitliche Lohnhöhe stellt sich bei voller Faktormobilität automatisch ein. Es wurde jedoch gezeigt, daß die in Gleichung (5) formulierte optimale Faktorallokation, die nur bei Gleichheit der Grenzeinkommen beider Sektoren vorliegt, bei $\bar{x}_2$ gegeben ist, einer Aufteilung also, bei der auf Grund der vorgegebenen Werte der Durchschnittsprodukte keine Gleichheit der Lohnhöhen besteht. Um nun die Aufteilung $\bar{x}_2$ zu ermöglichen und damit den Reinverlust einer spontanen Entwicklung zu vermeiden, erscheint es für die Träger der peripheren Wirtschaftspolitik günstig, die konkurrierenden Importe so stark zu belasten, daß die junge Industrie, die auf Grund der bei $\bar{x}_2$ herrschenden unterschiedlichen Durchschnittsproduktivitäten nur einen geringeren Pro-Kopf-Lohn zahlen könnte, dieselbe durchschnittliche Lohnhöhe bieten kann wie der Agrarsektor. Auf diese Weise wäre eine weitere Expansion des Agrarsektors gestoppt, denn nun liegt schon bei $\bar{x}_2$ eine einheitliche periphere Lohnhöhe, gemessen in ausländischer Währung, vor.

Der Zusammenhang zwischen Schutzbedürftigkeit der jungen Industrie und Durchschnittsproduktivität wird ausführlicher zu behandeln sein. Zu diesem Zweck führt Prebisch das „Produktivitäts- oder Lohnverhältnis" ein[35]. Es drückt das Verhältnis der physischen Produktivität pro Arbeitseinheit zwischen Peripherie und Zentrum aus. Ist das Produktivitätsverhältnis für die periphere Agrarproduktion zum Beispiel 0,5, so können Agrarprodukte in das Zentrum exportiert werden, sofern auch die durchschnittliche Lohnhöhe entsprechend geringer ist. Bei einer Lohnhöhe, die halb so hoch ist wie die des Zentrums, wird also nur jene Agrarproduktion entwickelt, die die halbe Produktivität pro Arbeitseinheit — immer im Verhältnis zum Zentrum gesehen — aufweist. Jede periphere Primärerzeugung mit höherem Produktivitätsverhältnis wird danach einen Teil der Differenz in das Zentrum transferieren. Es gilt folgende Gleichgewichtsbedingung:

$$\frac{DP_a^p}{DP_a^z} = \frac{DW_a^p}{DW_a^z}$$

Das Verhältnis der agrarischen Durchschnittsprodukte von Peripherie und Zentrum (DP_a^p und DP_a^z) muß gleich sein dem Verhältnis der

---
[35] Der höchst problematische Begriff des physischen Produktivitätsverhältnisses soll definitorisch in der von Prebisch gewählten Form weiterverwendet werden.

2.3. Die Theorie der peripheren Wirtschaft

durchschnittlichen Lohnhöhen in Peripherie und Zentrum (DW_p^a und DW_a^z), um einen Realeinkommenstransfer zu vermeiden.

Eine ähnliche Konstruktion gelte für den Industriesektor. Diejenigen Industriezweige, die ein Produktivitäts- und Lohnverhältnis von 0,5 oder höher aufweisen, könnten sich ohne Schutz entwickeln, während jene mit einem solchen Verhältnis von beispielsweise 0,4 schutzbedürftig wären. Unter der Annahme, daß die neuen Industriezweige mit einem Produktivitätsverhältnis von 0,4 zur vollen Eingliederung der überschüssigen Arbeitseinheiten benötigt werden, ist so lange eine Lohnsenkung, gemessen in ausländischer Währung, zu konstruieren, bis die Produktivitätsverhältnisse in beiden Sektoren gleich sind, das heißt 0,4 betragen. Um also die „marginalen" Industrien wettbewerbsfähig zu machen, sinkt das Lohnverhältnis in ausländischer Währung von 0,5 auf 0,4, was von einem Preisfall (in ausländischer Währung) für Agrarexporte und damit von Einkommenstransfers begleitet ist.

In der bisherigen Analyse ist von gegebenen Produktionsfunktionen, das heißt konstanter Technik, ausgegangen worden. Eine analytische Berücksichtigung des technischen Fortschritts würde durch eine Kurvenverlagerung nach oben gegeben sein. Das bedeutet aber eine Erhöhung der Produktivität pro Arbeitseinheit, was bei Konstanz der durchschnittlichen Arbeitsproduktivität im Zentrum zu einer Erhöhung des Produktivitätsverhältnisses führen muß. Wird eine Verbesserung des agrarischen Produktivitätsverhältnisses durch technologische Neuerungen von 0,5 auf beispielsweise 0,7 ohne eine parallele Erhöhung des industriellen Produktivitätsverhältnisses angenommen — es bleibt bei 0,5 —, so sieht Prebisch auch hier die Tendenz zum Transfer des „Produktivitätsunterschiedes" zwischen den beiden Sektoren in das Zentrum.

Die beiden dargestellten Fälle faßt er in einer allgemeinen Aussage zusammen[36]:

„Whenever the productivity ratio in exports is higher than in the marginal industries needed to employ the full surplus manpower, the real income corresponding to the difference in productivity will tend to be transferred abroad in the unrestricted play of market forces".

Eine solche Differenz ist auf zweierlei Wegen denkbar; erstens dann, wenn die Überschüsse in solchen Industriezweigen beschäftigt werden, die ein niedrigeres Produktivitätsverhältnis haben, zweitens in jenen Fällen, in denen sich das agrarische Produktivitätsverhältnis schneller verbessert als das industrielle.

---

[36] Raúl Prebisch, Commercial Policy in the Underdeveloped Countries, S. 259.

2. Außenhandel und Entwicklung

2.3.6.2. Schutzbedürftigkeit und unterschiedliche Produktivität

Die wirtschaftspolitischen Folgerungen aus dieser theoretischen Erkenntnis sollen hier kurz angedeutet werden. Hauptziel muß danach die Industrialisierung der Peripherie sein, ohne die das Ergebnis des technischen Fortschritts im Primärsektor zum Teil oder im Extremfall völlig in das Zentrum transferiert werde. Die folgende Argumentation Prebischs verdeutliche diese Aussage: Je größer der technische Fortschritt im Agrarsektor sei, um so höher seien die Überschüsse an Arbeitseinheiten. Da gewöhnlich nur ein kleiner Teil dieser Überschüsse wieder in den Primärsektor aufgenommen werden könne, sei die Ansiedlung einer jungen Industrie notwendig, zumal ohne sie die Früchte des technischen Fortschritts an das Zentrum verloren gingen. Eine äußerst vorsichtig angesetzte Schutzpolitik könne zwar das Ausmaß der Transfers mildern, jedoch sei in langfristiger Betrachtung eine aktive Umstrukturierung vorzuziehen. Dieses Ziel kann nur erreicht werden, wenn gleichzeitig mit der Verbesserung des agrarischen Produktivitätsverhältnisses die industrielle Durchschnittsproduktivität gesteigert werde, um somit die Löhne im Industriesektor, gemessen in ausländischer Währung, zu erhöhen, wodurch eine parallele Erhöhung der Löhne im Exportsektor gewährleistet und Realeinkommenstransfers unterbunden seien.

Rein formal scheint dieses Postulat der industriellen Produktivitätserhöhung auch in den List'schen Ideen des Erziehungszolles vorzuliegen. Der Schutz der jungen Industrien kann in dem Maße gemindert werden, wie sich die Produktivität erhöht, um endlich ganz aufgehoben zu werden. Diese Theorie, so glaubt Prebisch zu beweisen, übersähe die Notwendigkeit, dem peripheren Exportsektor die Früchte seines technischen Fortschritts zu erhalten. Wenn nämlich die industrielle Produktivität gesteigert werde, die Löhne aber auf Grund der dann von List geforderten Minderung oder letztlich völligen Aufhebung des Schutzes nicht entsprechend dem erhöhten Durchschnittsprodukt stiegen, so würden die Exporte von Primärerzeugnissen wieder die „unterschiedliche Produktivität" als Realeinkommensteile in das Zentrum transferieren. Diese Vermutung ließe sich an dem bereits verwendeten Beispiel demonstrieren. Wenn das Produktivitäts- und Lohnverhältnis im Primärsektor 0,5 beträgt und die neuen Industrien sich bei einem solchen von 0,4 entwickeln müssen, so muß der Unterschied zwischen den beiden Verhältnissen durch Schutzmaßnahmen ausgeglichen werden. Sowie der technische Fortschritt in der Peripherie das industrielle Produktivitätsverhältnis auf 0,5 erhöht, wird der Schutz der Industrie überflüssig, und das Lohnverhältnis bleibt bei 0,5 bestehen. Behielte man jedoch die Schutzmaßnahmen bei, so erhöhte sich das Lohnverhältnis entsprechend dem gestiegenen Produktivitätsverhältnis. Auf diese Weise — wenn dazu gleichzeitig der Exportsektor sein Produktivitätsverhältnis steigerte — blieben der Peripherie die Früchte dieses Zuwachses bis zur neuen Lohnhöhe erhalten. Es kann sich also eine gestiegene Durchschnittsproduktivität in geminderten Schutzmaßnahmen oder in höheren Löhnen auswirken, wobei letzteres den Vorteil brächte, ein gutes „incentive" für diejenigen Branchen zu sein, deren Produktivität innerhalb des Sektors stark zurückfällt.

Prebisch gibt zu, daß eine hier anzusetzende Schutzpolitik äußerst schwierig zu handhaben sei, und er schließt die theoretische Möglichkeit eines selektiven, das heißt eines nach den unterschiedlichen Raten des technischen Fortschritts in den einzelnen Industriebranchen gewählten Schutzes nicht aus.

2.3.7. Die Terms of Trade

2.3.7.1. Das Konzept der Terms of Trade

Für den Ablauf des im Modell beschriebenen Prozesses wird von der Arbeitshypothese einer säkularen Verschlechterung der Terms of Trade zuungunsten der Peripherie ausgegangen. Prebisch und andere Autoren[37] glauben diesen Trend zu beobachten und benutzen die sich daraus ergebenden Folgen als Grundlage ihrer wirtschaftspolitischen, teilweise sogar ideologischen Stellungnahme. Ohne die Problematik eines historischen Rückblicks auf die Terms of Trade-Entwicklung näher zu behandeln[38], sei hier nur an die in der Literatur anzutreffende Vielzahl gegenteiliger Meinungen erinnert, die dieses Konzept offensichtlich jeder exakten, theoretisch wertvollen Aussage berauben[39]. Das statistische Problem der Indexbildung, die zeitliche Erstreckung und die Vielfalt der verwendeten Terms of Trade-Konzepte machen eine empirische Studie in hohem Maße unsicher. Mit dieser Erkenntnis ist dem Theoretiker der Hinweis gegeben, mit den Instrumenten der Analytik einen Lösungsversuch zu unternehmen.

Ein interessanter Ansatz dazu liegt in dem ökonometrischen Modell des Inders Atallah[40] vor, dessen Grad der Abstraktion jedoch zu hoch

---

[37] H. W. Singer, The Distribution of Gains between Investing and Borrowing Countries, American Economic Review, May 1951. UNITED NATIONS, Post War Price Relations in Trade between Underdeveloped and Industrialized Countries, E/CN. 1/S. 3/W. 5.

[38] Siehe dazu: J. Viner, International Trade and Economic Development, Oxford, 1953.
Th. Morgan, The Long-Run Terms of Trade between Agriculture and Manufacturing, Economic Development and Cultural Change, October 1959.

[39] Vgl. W. A. Lewis, World Production, Prices and Trade, 1870—1960, The Manchester School of Economic and Social Studies, Vol. XX, No. 2, May 1952. C. Kindleberger, The Terms of Trade, A European Case Study, New York 1956.

[40] M. K. Atallah, The Terms of Trade Between Agricultural and Industrial Products, Netherlands Economic Institute, Rotterdam, 1958.

erscheint. Auch er kommt bei einer zahlenmäßigen Auswertung seines Systems simultaner Gleichungen zu der Aussage, daß sich die Terms of Trade auf Grund der von ihm angenommenen Parameter langfristig verschlechtern werden. Das Modell von Prebisch, welches in den folgenden Ausführungen zu behandeln ist, bedient sich einfacherer theoretischer Instrumente, jedoch bleiben einige Zusammenhänge unklar, weshalb die Theorie Prebischs bisher nicht den Rang einer allgemeinen Gesetzmäßigkeit innerhalb der Wirtschaftswissenschaft erlangt hat. Während die Kritik am Versuch Atallahs weniger auf den Modellablauf als vielmehr auf die Annahmen seiner Analyse gerichtet ist, wird das Prebisch-Modell in erster Linie auf seinen zwingenden Ablauf zu untersuchen sein[41].

Vor diese Darstellung seien einige Bemerkungen über den verwendeten Terms of Trade-Begriff gestellt. Die Außenhandelstheorie kennt Konzepte wie Einkommens-Terms of Trade oder auch Index des Außenhandelsgewinnes genannt, faktorale Terms of Trade im Einzelfaktor- oder Doppelfaktorausdruck, Netto-Terms of Trade und Brutto-Terms of Trade. Aus Gründen der praktischen Handhabung muß der einfachste und zugleich in höchstem Grade kontroverse Ausdruck der Netto-Terms of Trade Verwendung finden. Dieses von Taussig[42] mit „net barter terms of trade" und von Viner[43] mit „commodity terms of trade" bezeichnete Konzept berücksichtigt allein Preisänderungen, um ein größeres oder kleineres Importvolumen für ein gegebenes Exportvolumen zu erzielen. Die statistische Methodenlehre würde die „commodity terms of trade" in folgender Form darstellen:

$$\text{T. o. T.} = \frac{\sum \dfrac{p_1^x \cdot q_1^x}{p_0^x \cdot q_1^x}}{\sum \dfrac{p_1^m \cdot q_1^m}{p_0^m \cdot q_1^m}} \cdot 100$$

Es handelt sich also um das Verhältnis von Exportpreisindex zu Importpreisindex, beide nach Paasche mit den Mengen der Berichtszeit gewichtet. Die Höchstaussage dieses Konzeptes kann also nur darin bestehen, mitzuteilen, daß ein Land „mehr oder weniger für das Erhaltene geben muß als vorher". Diese Fassung zeigt den theoretisch entscheidenden Unterschied zur Bedeutung der Terms of Trade in der „neoklassischen" Außenhandelstheorie der komparativen Statik. Während das oben verwendete Konzept „relativiert", gibt das klassische

---

[41] Zur Problematik der Terms of Trade s. a. B. Higgins, Economic Development, London, 1959, S. 357 ff.
[42] F. W. Taussig, Theorie der internationalen Wirtschaftsbeziehungen, Leipzig, 1929.
[43] J. Viner, Studies in the Theory of International Trade, London, 1955.

„reale Austauschverhältnis" die absoluten Austauschbedingungen zwischen zwei Ländern an, das heißt, es drückt aus, wieviel ein Land im Austausch für das Erhaltene geben muß. Analytisch ist dieser Ausdruck durch den Schnittpunkt der reziproken Nachfragekurven zweier Länder innerhalb des durch die „home-production-lines" bestimmten Sektors darzustellen[44]. Eine treffende Illustrierung dieses Begriffswandels[45] gibt der französische Außenhandelstheoretiker Moret[46], der diesen Schritt vom klassischen zum modernen Konzept als den Übergang von „Positions-Terms of Trade" zu „Evolutions-Terms of Trade" bezeichnet.

Für die vorliegende Untersuchung wird der Ausdruck Terms of Trade synonym mit „commodity terms of trade" oder Netto-Terms of Trade verwendet werden, wobei die Schwächen des Konzeptes unberücksichtigt bleiben müssen[47].

2.3.7.2. Das „historische" Argument Prebischs

In seiner ersten, viel beachteten Studie über die periphere Wirtschaft[48] nimmt Prebisch die Verhältnisse in Lateinamerika zum Anlaß für eine scharfe Kritik an der klassischen Außenhandelstheorie. Ausgehend von der historischen Erfahrung einer Verschlechterung der Terms of Trade von 1870 an soll die Theorie der säkularen Bewegung der Terms of Trade gegen die peripheren Primärerzeuger mithilfe von zwei Konzepten erklärt werden. Im ersten Teil wird die Wirkung des technischen Fortschritts und seine Ausbreitung über Zentrum und Peripherie zu analysieren sein, im zweiten soll die Bedeutung der Nachfrageelastizitäten, namentlich der Einkommenselastizitäten der Nachfrage, behandelt werden.

---

[44] Vgl. dazu: C. P. Kindleberger, International Economics, Homewood, Illinois, 1958, S. 102 ff.
G. Haberler, The Theory of International Trade, London, 1954, S. 143 ff.
J. Vanek, International Trade Theory and Economic Policy, Homewood, Illinois, 1962.
[45] Dieser Begriffswandel ist für den Aussagewert der Terms of Trade hinsichtlich der allgemeinen Wohlfahrtsänderung von entscheidender Bedeutung. Während die Klassik durchaus meßbaren Einfluß des realen Austauschverhältnisses auf die Höhe der allgemeinen Wohlfahrt konstruieren kann, sind derartige Versuche mit dem modernen Verhältnis von Preisindices nicht möglich. Es sei auf den Aufsatz G. Haberlers „Das reale Austauschverhältnis und die wirtschaftliche Entwicklung" in Zeitschrift für Nationalökonomie 18/1958 verwiesen, der die Verwendung der „gains from trade", also der Erweiterung des Terms of Trade-Konzeptes um einen Mengenquotienten, als „Einkommensaustauschbedingungen" diskutiert.
[46] M. Moret, L'échange international, Paris, 1957.
[47] Vgl. dazu: H. Staehle, Some Notes on the Terms of Trade, International Social Science Bulletin, UNESCO, Spring 1951, Vol. III, No. 1.
[48] R. Prebisch, The Economic Development of Latin America and its Principal Problems, Economic Bulletin for Latin America, ECLA, U.N., Vol. VII, Februar 1962.

Als eine äußerst wichtige, jedoch als falsch erwiesene Annahme der weiterentwickelten Außenhandelstheorie sieht Prebisch die gleichmäßige Ausbreitung des technischen Fortschritts über die gesamte Welt, das heißt über Zentrum und Peripherie an. Das Ergebnis des technischen Fortschritts müsse bei gestiegener Durchschnittsproduktivität zu Realeinkommenserhöhungen führen, und zwar entweder durch Preissenkungen bei Konstanz der Nominaleinkommen oder durch Erhöhung der Nominaleinkommen bei Konstanz der Preise. Die gleichmäßige Ausbreitung des technischen Fortschritts sichere der Peripherie ihren Anteil an diesen „Fortschrittsgewinnen" durch den internationalen Handel, womit also für die Entwicklungsländer keine ökonomische Notwendigkeit zur Industrialisierung bestünde. Die traditionale Argumentation geht sogar noch einen Schritt weiter und bezeichnet die Industrialisierung in diesem Falle als Verlust, denn die periphere Wirtschaft würde sich ihres komparativen Vorteils begeben. Die Fehlerhaftigkeit dieser Aussage liegt in der Verallgemeinerung, insbesondere in der Betrachtung von Zentrum und Peripherie als zu einer „Gemeinschaft" gehörig. Verstünde man unter dieser als „Gemeinschaft" bezeichneten Gesamtheit nur das Zentrum, so ließe sich unter Umständen in diesem Sinne argumentieren; die Einbeziehung der Peripherie in die Weltwirtschaft ändert jedoch die Annahmen. Die gestiegene Produktivität hat der Peripherie offensichtlich nicht entfernt die Vorteile höheren Realeinkommens gebracht, derer sich das Zentrum erfreuen konnte. Von einem Gleichgewicht internationaler Arbeitsteilung glaubt Prebisch deshalb überhaupt nicht sprechen zu können. Um nun an den Vorteilen der technologischen Neuerungen teilhaben zu können, sei deshalb eine Industrialisierung der Peripherie unerläßlich, zumal die Möglichkeiten einer Expansion der peripheren Exporte nur gering sind.

Für die folgende Überlegung wird von der allgemeinen Annahme ausgegangen, daß der technische Fortschritt in der Industrie größer sei als im Primärsektor. Konstruierte man Preissenkungen, die sich umgekehrt proportional zum Produktivitätszuwachs verhielten, so wäre die Preissenkung im Agrarsektor geringer als im Industriesektor, wodurch sich bei fortschreitender Disparität der beiden Produktivitätszuwächse das Preisverhältnis zugunsten der Peripherie entwickeln müßte. Auf diese Weise hätte die Peripherie in gleichem Maße wie das Zentrum vom Preisfall der Industrieprodukte profitiert, und die Früchte des technischen Fortschritts würden gleichmäßig über die gesamte Welt verteilt sein. Diese Möglichkeit, die von einigen Ökonomen durchaus als real angesehen wird, schließt Prebisch auf Grund der historischen Erfahrung der Terms of Trade-Entwicklung aus. Es kann an dieser Stelle nicht auf die Frage eingegangen werden, ob technischer Fortschritt rein normativ allen Teilen der Welt dienen müsse und warum das technologisch hochentwickelte Zentrum eigentlich verpflichtet sein soll, die Früchte des technischen Fortschritts mit der Peripherie zu teilen[49], zumal Grund zu der Annahme besteht, daß dieses „Vorenthalten" und die damit ermöglichte Kapitalbildung eine wirksame Komponente für die technologische Entwicklung war.

2.3.7.3. Eine zahlenmäßige Demonstration der Entwicklung

Zur Erläuterung der „Weitergabe" des Produktivitätszuwachses pro Arbeitseinheit trifft Prebisch folgende vereinfachenden Feststellungen:

a) Die Preise fallen nicht pari passu mit dem durchschnittlichen Produktivitätszuwachs, da zwar die Kosten mit höherer Produktivität fallen, die Einkommen der Faktoren jedoch steigen. Wenn in diesem Prozeß das durchschnittliche Einkommen stärker steigt als die Durchschnittsproduktivität, so werden die Preise steigen anstatt zu fallen.

b) Würden die Realeinkommenssteigerungen im Zentrum und in der Peripherie proportional zur Produktivitätssteigerung vor sich gehen, so würde die Preisrelation zwischen Primär- und Sekundärerzeugnissen dieselbe sein, als wenn die Preise proportional zur Produktivitätserhöhung gefallen wären. Unter der Annahme, daß die durchschnittliche Produktivität in der Industrie höher ist als im Agrarsektor, würde sich die Preisrelation, das heißt die Terms of Trade, zugunsten der Primärerzeugung verschieben.

c) Dem steht die historische Erfahrung gegenüber, die eine säkulare Verschlechterung der Terms of Trade zeigt.

In anderer Formulierung bedeutet die letzte Feststellung aber, daß das zentrale Einkommen um mehr als die Produktivität zunimmt, während das Einkommen der Peripherie um weniger als die Produktivität steigt, womit Prebischs These umschrieben ist, daß das Zentrum die Früchte des technischen Fortschritts behält und die Peripherie Teile davon als Realeinkommen in das Zentrum transferiert. Eine solche Interpretation entspricht der früheren Darstellung, nach der das Durchschnittseinkommen gleich dem Wert des Durchschnittsproduktes ist, womit implicite gesagt wird, daß derjenige periphere Einkommensteil, der dem Zentrum zuwächst, in gleicher Höhe der Peripherie verloren geht. Ein von Prebisch[50] gewähltes Beispiel soll

---

[49] Die Politik der internationalen Institutionen, insbesondere im Rahmen des laufenden Entwicklungsdezenniums der Vereinten Nationen, geht eindeutig von dem Grundsatz aus, daß technologische Neuerungen und deren ökonomische Auswertung nicht allein einem Lande oder einer Ländergruppe vorbehalten bleiben sollten.

[50] R. Prebisch, a. a. O., S. 5.

2. Außenhandel und Entwicklung

diese unterschiedliche Weitergabe des Produktivitätszuwachses, das heißt die Verteilung der Gewinne, veranschaulichen. Der durchschnittliche Produktivitätsindex soll dazu annahmegemäß im Zentrum höher sein als in der Peripherie; beide Sektoren sollen vereinfachend den gleichen Beitrag zum Endprodukt leisten, das heißt, die Preise in Spalte (2) beziehen sich auf den Nettoproduktionswert der Industrie.

Primär-erzeugung (1)	Industrie-produktion (2)	Gesamt-produktion (End-produkt) (3)	Verhältnis	
			(1) : (3) (4)	(2) : (3) (5)
Annahme:	Die durchschnittliche Produktivitätssteigerung wird durch folgende Indices ausgedrückt:			
100	100	100	—	—
120	160	140	—	—
Fall I:	Die Kosten fallen mit steigender Produktivität in umgekehrt proportionalem Verhältnis, und die Preise fallen mit den Kosten, ohne daß sich das Einkommen verändert.			
100	100	100	100	100
83,3	62,5	71,4	116,7	87,5
Fall II:	Die Kosten fallen wie in Fall I, die Einkommen verändern sich jedoch wie folgt:			
100	100	100	100	100
120	180	150	80	120
Preisänderungen, die den Einkommenserhöhungen folgen:				
100	100	100	100	100
100	112,5	107,1	93,4	105

Die Zahlen in Fall I stellen Preisindices dar, die sich ohne nominale Einkommensänderung allein auf Grund des Produktivitätszuwachses einstellen (100:120 = 83,3:100, etc.). In Fall II ist die gleiche Kostensenkung unterstellt, die aber durch nominale Einkommenssteigerungen nicht zu Preissenkungen führt. Da der durchschnittliche Einkommenszuwachs im Zentrum größer ist als der durchschnittliche Produktivitätszuwachs ($\Delta P : \Delta Y = 60 : 80$), wird der Preisindex der Industrieproduktion (2) steigen (180 : 160 = 112,5). Diese „ungerechtfertigte" Einkommenssteigerung ist ausgedrückt durch das Sinken des Verhältnisses (1) : (3) von 100 auf 93,4 und das Steigen des Verhältnisses (2) : (3) von 100 auf 105. Dieses Preisverhältnis ist aber nichts anderes als eine modifizierte Form der zu behandelnden Terms of Trade zwischen Peripherie und Zentrum.

2.3. Die Theorie der peripheren Wirtschaft

Als Ergebnis dieser veranschaulichenden Darstellung ist festzuhalten, daß die Peripherie ihre Aufnahmefähigkeit von Endprodukten um weniger als den durchschnittlichen Produktivitätszuwachs erhöht, während den zentralen Ländern mehr Realeinkommen zuwächst, als ihnen auf Grund ihrer Produktivitätssteigerung „zusteht". Im vorstehenden Beispiel wird davon ausgegangen, daß in der Peripherie die Einkommenserhöhung gleich der Produktivitätssteigerung ist. Wird diese Annahme aufgegeben und statt dessen unterstellt, daß die durchschnittliche periphere Einkommenserhöhung kleiner ist als die periphere Produktivitätssteigerung, so ist eine weitere Verschlechterung der Terms of Trade zuungunsten der Entwicklungsländer leicht erkennbar. Prebisch hält eine solche Tendenz auf Grund der statistischen Zahlen seit 1870 für wahrscheinlich.

Der Theoretiker nimmt diese in einigen Publikationen polemisch verwendete Aussage insofern mit Skepsis zur Kenntnis, als der Analyse bislang ein echter Erklärungswert fehlt. Sie beschränkt sich vielmehr auf eine Darstellung der eingangs verbal gemachten Behauptung. Namentlich der in Spalte (2) Fall II angenommene durchschnittliche Einkommenszuwachs von 100 auf 180 müßte theoretisch bewiesen werden.

2.3.8. Der theoretische Lösungsversuch

2.3.8.1. *Das Ausgangsmodell*

Die Theorie der peripheren Wirtschaft versucht, die prozeßhafte Verschlechterung der Terms of Trade auf die Disparitäten der Einkommenselastizitäten der Nachfrage und die ungleiche Form der Ausbreitung des technischen Fortschritts zurückzuführen. Die Wirkung dieser bei Prebisch entscheidenden Disparitäten soll modelltheoretisch dargestellt werden, indem zuerst eine Modellwelt ohne diese unterschiedlichen Elastizitätskoeffizienten und technologischen Unterschiede betrachtet wird, um anschließend diese Annahmen nacheinander fallen zu lassen, wodurch ihr Einfluß auf die Terms of Trade sichtbar gemacht werden soll.

Das verwendete Zwei-Länder-Modell geht davon aus, daß das Land A überwiegend industriell, das Land B überwiegend agrarisch strukturiert ist. In der Sprache Prebischs stellt also A das Zentrum und B die Peripherie dar. Wie ließe sich an diesem Modell das Außenhandelsgleichgewicht im bereits definierten Sinne beschreiben? Unter Verwendung der in Kapitel 2.3.6.1. erläuterten Terminologie sei dieses Gleichgewicht bei Gleichheit von Produktivitäts- und Lohnverhältnis gegeben. Im Industriesektor von A soll die Produktivität pro Arbeitseinheit dreimal so hoch sein wie jene im Industriesektor von B, und im Agrarsektor von B soll die durchschnittliche Arbeitsproduktivität ebenfalls dreimal so hoch sein wie jene im Agrarsektor von A. Diese Annahme bedeutet aber ein Lohn- beziehungsweise Produktivitätsverhältnis von insgesamt 1, das heißt, es bestehen keinerlei technologische Disparitäten. Weiterhin wird vereinfachend angenommen, daß keine unterschiedlichen Elastizitäten vorliegen, daß die Gesamtnachfrage zu gleichen Teilen auf Güter des Primär- und Sekundärsektors entfällt und daß sich Bevölkerungszahl und Pro-Kopf-Einkommen in A und B in gleichen Raten ändern. Zur Darstellung dieser Ausgangssituation in einem Koordinatensystem werden die übliche bewertete Durchschnittsproduktkurve (WDP) und die ihr entsprechende bewertete Grenzproduktkurve (WGP) verwendet. Es handelt sich hierbei nicht mehr um sektorale Kurven, sondern um die Werte von Grenz- und Durchschnittsprodukt beider Sektoren eines Landes gemeinsam.

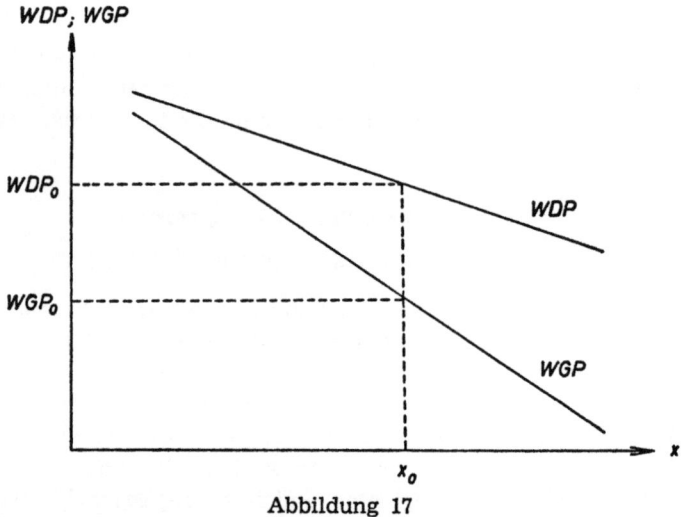

Abbildung 17

Um den obengenannten Bedingungen des Ausgangsgleichgewichtes unter den getroffenen Annahmen zu genügen, müssen die Kurvenverläufe für das zentrale Land A und das periphere Land B gleich sein sowie bei Vollbeschäftigung x_0 in A und B gleiche Ordinatenwerte WDP_0 und WGP_0 vorliegen; nur dann sind nämlich die Werte der Durchschnittsprodukte und damit die Durchschnittslöhne und die Werte der Grenzprodukte in beiden Ländern gleich. Bei einer derartigen Ausgangssituation sei nach Prebisch keinerlei Anlaß zur Verschlechterung der Terms of Trade zuungunsten der Peripherie gegeben. Die Nachfrage nach Primärerzeugnissen wachse in gleicher Höhe wie jene nach Industrieprodukten, folglich brauche der Zuwachs an Arbeitseinheiten in B auch nicht von der Primärerzeugung, die für B ein günstiges Produktivitätsverhältnis aufweist, abgezogen zu werden, um sich in den jungen peripheren Industriesektor eingliedern zu lassen, wo das Produktivitätsverhältnis annahmegemäß für B ungünstiger ist. Da die Raten des technischen Fortschritts in beiden Ländern gleich sind, was durch eine für A und B gleichmäßige Verlagerung der Durchschnittsproduktkurven nach oben auszudrücken wäre, liegt auch keine unterschiedliche, transferierbare Produktivität im früher definierten Sinne vor.

2.3.8.2. Die Wirkung der Einkommenselastizitäten und des technischen Fortschritts

Ohne Änderung der übrigen Annahmen soll nun die Einkommenselastizität der Nachfrage nach Industrieprodukten ($E^i_{Q,Y}$) größer als diejenige nach Agrarerzeugnissen ($E^a_{Q,Y}$) angenommen werden.

$$E^i_{Q,Y} = \frac{dQ_i}{dY} : \frac{Q_i}{Y}$$

$$E^a_{Q,Y} = \frac{dQ_a}{dY} : \frac{Q_a}{Y}$$

$$E^i_{Q,Y} > E^a_{Q,Y}$$

Bei voller Faktormobilität zwischen Zentrum und Peripherie könnte B Arbeitskräfte in das Land A senden, um die dortige Industriekapazität zu erhöhen. Da diese Möglichkeit als irreal ausgeschaltet werden kann[51], bleibt der Peripherie nur die Wahl, die Zuwächse an Arbeitseinheiten, die durch natürliches Bevölkerungswachstum und Wirkung des technischen Fortschritts frei werden, in anderer Weise auf die beiden Sektoren aufzuteilen als vor der Einführung der Disparität. Eine Überführung der zusätzlichen Arbeitseinheiten vom Primärsektor in den jungen Industriesektor ist notwendig. An dieser Stelle zeigt Prebisch den entscheidenden Aspekt seiner Analyse. Im vornehmlich agrarisch strukturierten Land B müssen also Arbeitskräfte aus der Primärproduktion, wo sie ein günstiges Produktivitätsverhältnis aufweisen, abgezogen werden, um eine industrielle Beschäftigung mit ungünstigerem Produktivitätsverhältnis aufzunehmen.

Es sei daran erinnert, daß unter Produktivitätsverhältnis der Quotient aus physischer Produktivität pro Arbeitseinheit in der Peripherie

---

[51] Der Hinweis auf die in Westeuropa beschäftigten Gastarbeiter kann diese Möglichkeit nicht realer erscheinen lassen, weil die Migration zahlenmäßig zu gering ist und eine Ausdehnung auf starke innenpolitische Widerstände stieße; erinnert sei an die Schweizer Abwehrmaßnahmen der jüngsten Vergangenheit.

2. Außenhandel und Entwicklung

und jener im Zentrum jeweils für den Agrar- beziehungsweise Industriesektor verstanden wird. Zur Veranschaulichung dieses Konzeptes diene folgende Darstellung: Für den Agrarsektor der Peripherie wurde ein Produktivitätsverhältnis von 3:1, für den peripheren Industriesektor ein solches von 1:3 angenommen, so daß unter den gemachten Annahmen ein totales Produktivitätsverhältnis von 1 vorliegt. Diese Konstruktion wäre graphisch wie folgt darstellbar:

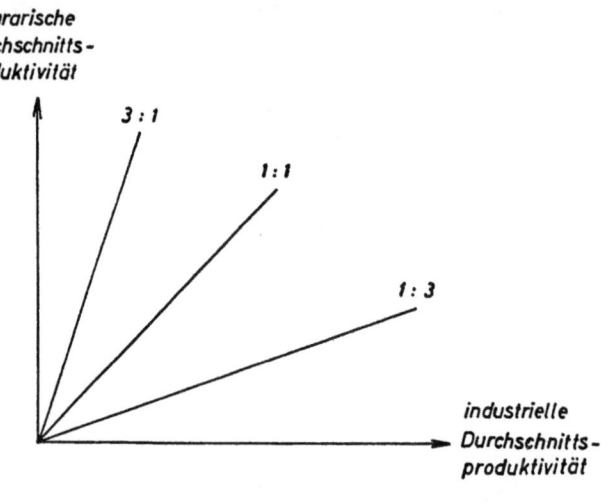

Abbildung 18

Das aus den beiden sektoralen Produktivitätsverhältnissen resultierende gesamtwirtschaftliche Produktivitäts- und Lohnverhältnis der Peripherie ist durch die 1:1-Linie gekennzeichnet. Es sei betont, daß diese Situation einer bestimmten Aufteilung der gesamten Arbeitsmenge entspricht. In Fortführung der Analyse Prebischs sei diese Graphik in der Weise modifiziert, daß das totale Produktivitätsverhältnis von 1 sinkt. Die einzugliedernden Arbeitsüberschüsse „zwingen" das Produktivitätsverhältnis von 1 auf beispielsweise 0,75, wodurch auch das Lohnverhältnis entsprechend fällt.

In Abbildung 19 wird aus der 1:1-Linie eine 3:4-Linie, welche sich als Resultierende aus einem unveränderten Produktivitätsverhältnis im Agrarsektor von 3:1 und einem annahmegemäß gefallenen industriellen Produktivitätsverhältnis von 1:4 ergibt. Dieser Prozeß führt also zu einem neuen Gleichgewicht von 0,75, welches bei Gleichheit von Produktivitäts- und Lohnverhältnis vorliegt. Dieser Ausgleichsprozeß der Veränderung des Lohnverhältnisses von 1 auf 0,75 ist, so führt Prebisch aus, von einem Preisfall für agrarische Exportwaren begleitet, wodurch reale Einkommensteile in das Zentrum transferiert

2.3. Die Theorie der peripheren Wirtschaft

werden. Hier sei auf Grund der erhöhten, vom gestiegenen Einkommen ausgehenden Nachfrage nach Industrieprodukten aber genau der gegenteilige Prozeß zu beobachten, nämlich eine Wanderung von Arbeitseinheiten vom Primär- in den Sekundärsektor. Da der zentrale Industriesektor annahmegemäß ein höheres Produktivitätsverhältnis als der zentrale Agrarsektor aufweist, werde sich durch diese Wanderung auch das zentrale Lohnverhältnis verbessern.

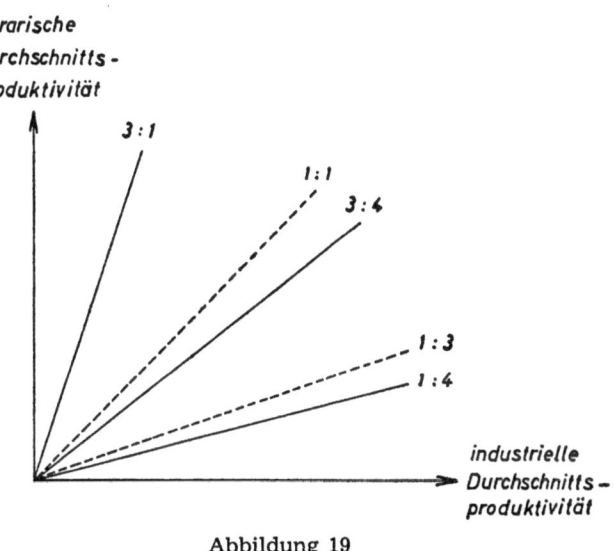

Abbildung 19

Bis zu diesem Punkt wurde das Ausgangsmodell nur durch Einführung der Disparitäten in den Einkommenselastizitäten der Nachfrage modifiziert. Die Rate des technischen Fortschritts, gemessen in Produktivitätssteigerung pro Arbeitseinheit, wurde in Peripherie und Zentrum noch als gleich unterstellt. Dennoch sind auf Grund der Konstruktion die peripheren Durchschnittslöhne weniger gestiegen als die Durchschnittsproduktivität, da durch die Forderung nach Eingliederung der Arbeitsüberschüsse ein Druck auf die durchschnittliche Lohnhöhe entstand. Im Zentrum hat sich die Situation analog geändert; die Durchschnittslöhne sind stärker gestiegen als die durchschnittliche Produktivität, was auf die erhöhte Nachfrage nach Arbeitsleistungen zurückzuführen ist.

Die Tendenz zur Verschlechterung der Terms of Trade wird in diesem Bild bereits sichtbar; sie ist jedoch durch die zweite, für die Peripherie typische Annahme zu verstärken. Die Einführung der technologischen Disparitäten soll wie folgt formuliert werden: Während das agrarische Produktivitätsverhältnis der Peripherie dasselbe wie im Ausgangsmodell bleiben soll, wird das industrielle Produktivitätsverhältnis der Peripherie im Vergleich zur Ausgangsannahme nun als viel geringer angenommen. Dieses ungünstigere Verhältnis muß zu einer stärkeren Senkung der peripheren Durchschnittslöhne führen, was entsprechend der obigen Konstruktion eine Verstärkung der Realeinkommenstransfers in das Zentrum bedeutet.

Prebisch sieht in dieser Analyse eine Gesetzmäßigkeit, nach der sich die Kombination von Disparitäten der Nachfrageelastizitäten und der Ausbreitung des technischen Fortschritts hinsichtlich der Terms of Trade immer zum Nachteil der Peripherie auswirken muß. Der strukturelle Vorteil des Zentrums gegenüber der Peripherie ließe sich wie folgt fassen:

Während die Zuwächse an Arbeitseinheiten im Zentrum nicht auf Beschäftigungen mit niedrigerem Produktivitätsverhältnis angewiesen sind, muß bei Eingliederung der Arbeitsüberschüsse in der Peripherie auf industrielle, das heißt auf Beschäftigung mit geringerem Produktivitätsverhältnis ausgewichen werden. Letzteres aber bedeutet eine Verschlechterung des Lohnverhältnisses. Diese Aussage führt zum Kernpunkt der Theorie der peripheren Wirtschaft nach Raúl Prebisch. Eine allgemeine Produktivitätssteigerung, so sagt er, werde im Zentrum tendenziell zu einer Erhöhung der Durchschnittslöhne führen, wohingegen die Peripherie einen Teil der Früchte des technischen Fortschritts durch Preisrückgänge ihrer Exporte nach außen transferiere. Diese Tendenz werde verstärkt auftreten, wenn die Durchschnittsproduktivität im peripheren Agrarsektor stärker steigt als jene im peripheren Industriesektor, wodurch die Preise der Exporterzeugnisse noch schneller fallen werden. Die größere technologische Homogenität des Zentrums macht einen ähnlichen Ansatz im zentralen Bereich unwahrscheinlich, obwohl er theoretisch durchaus denkbar wäre. Die Argumentation lautete dann analog, daß ein Vorauseilen des technischen Fortschritts in einigen Exportzweigen des Zentrums vergleichsweise zur allgemeinen zentralen Produktivitätssteigerung ebenfalls zu Transfers der „unterschiedlichen Produktivität" des früher erläuterten Typs führen müsse. Von diesem zentralen Einkommenstransfer eine Art automatischen Ausgleichs der peripheren Einkommenstransfers zu erwarten, ist jedoch bei der Gleichmäßigkeit der Ausbreitung des technischen Fortschritts in den reifen Ländern so gut wie ausgeschlossen.

Die wirtschaftspolitischen, insbesondere die entwicklungspolitischen Folgerungen aus diesem theoretischen Versuch Prebischs werden an anderer Stelle zu ziehen sein. Es soll hier die Feststellung genügen, daß die Maßnahmen darauf gerichtet sein müssen, dieser durch den Marktmechanismus geförderten säkularen Terms of Trade-Verschlechterung durch geeignete Eingriffe entgegenzuwirken.

2.4. Die Theorie des Verelendungswachstums

2.4.1. Das Konzept des „immiserizing growth" und die Modellannahmen

Das von Prebisch als gültig angesehene Gesetz der säkularen Verschlechterung der Terms of Trade zuungunsten der Entwicklungsländer ist in der folgenden Analyse in seiner Bedeutung für die moderne Außenhandelstheorie zu beurteilen. Namentlich wird die Frage zu beantworten sein, welche Wirkung der Außenhandel auf das wirtschaftliche Wachstum der Entwicklungsländer ausübt. Die hier nur anzudeutende allgemeine Problematik gilt damit als Weiterführung der in Kapitel 2.1.1. dargestellten „neoklassischen" Außenhandelskonzeption. J. R. Hicks[52] entwickelt in seiner bekannten Inaugurationsvorlesung die Effekte von unterschiedlichen Produktivitätsveränderungen auf den Außenhandel der beteiligten Länder und qualifiziert die Wirkungen des technischen Fortschritts eindeutig als fortlaufend und damit langfristig, was analytisch die traditionale Vorstellung eines Gleichgewichtszustandes undenkbar macht. Es interessiert vielmehr der Prozeß, für den Hicks das Zahlungsbilanzgleichgewicht als langfristiges Ziel postuliert.

Offenbar liegt nun der Theorie Prebischs der Sonderfall zugrunde, daß das wirtschaftliche Wachstum eines Landes durch eine Expansion des Exportsektors ungünstig beeinflußt werden kann. Allgemeiner ausgedrückt ließe sich sagen, daß eine reale Expansion zu einem wachstumshemmenden Faktor wird. In der bisher verwendeten Terminologie wäre wie folgt zu argumentieren: Die Ausdehnung der Agrarproduktion, die analytisch durch Mehreinsatz von Arbeit bei gegebener Technik oder konstantem Arbeitseinsatz und höherer Durchschnittsproduktivität darzustellen ist, bedeutet im elastischen Bereich der Durchschnittsproduktkurve ein erhöhtes Gesamtprodukt, welches jedoch zu einer genügend starken Verschlechterung der Terms of Trade führt, um die realen Gewinne dieser Expansion durch Realeinkommenstransfers nach außen wieder auszugleichen.

Die theoretische Behandlung des Phänomens, daß wirtschaftliche Expansion das Wachstum eines Landes hemmen kann, wird Gegenstand der folgenden Ausführungen sein. Unter Verwendung der Instrumente der moderneren Außenhandelstheorie sollen die Bedingungen formuliert werden, unter denen das „zur Verelendung führende Wachstum" auftreten kann. Der Begriff des „immiserizing growth" wurde für diesen Zusammenhang von dem Inder Bhagwati[53] geprägt,

---

[52] J. R. Hicks, An Inaugural Lecture, Oxford Economic Papers, N. S., V, June 1953, S. 117—135.
[53] J. Bhagwati, Immiserizing Growth: A Geometrical Note, Review of Economic Studies, Vol. XXV, No. 3, June 1958.

auf dessen Ausführungen die folgende Analyse zurückgreift[54]. Das reale Zwei-Länder-Zwei-Güter-Modell enthalte folgende vereinfachenden Annahmen:

a) Es wird Vollbeschäftigung unterstellt, das heißt, nur Bewegungen entlang der Transformationskurve werden betrachtet.

b) Nur die Produktion eines Landes wird als expandierend unterstellt; der Output des „Rests der Welt" sei konstant, wodurch die Angebotskurve des zweiten Landes für die Analyse als gegeben gelten kann.

Um auf eine ausführliche Behandlung des Einkommenseffektes der Expansion in dem betrachteten Lande verzichten zu können, wird die Fragestellung wie folgt vereinfacht: Es wird festzustellen sein, unter welchen Bedingungen die Expansion des Output gerade so viel bedeutet, daß das betreffende Land nicht schlechter gestellt ist als vor der Expansion. Anschließend soll geprüft werden, ob dieser Situation unter Umständen die Tendenz einer weiteren Terms of Trade-Verschlechterung innewohne.

2.4.2. Die außenhandelstheoretische Darstellung

Das Gleichgewicht des „wachsenden" Landes vor der Expansion sei im folgenden Diagramm dargestellt[55]; die Exportwaren sind mit X, die Importwaren mit Y gekennzeichnet[56].

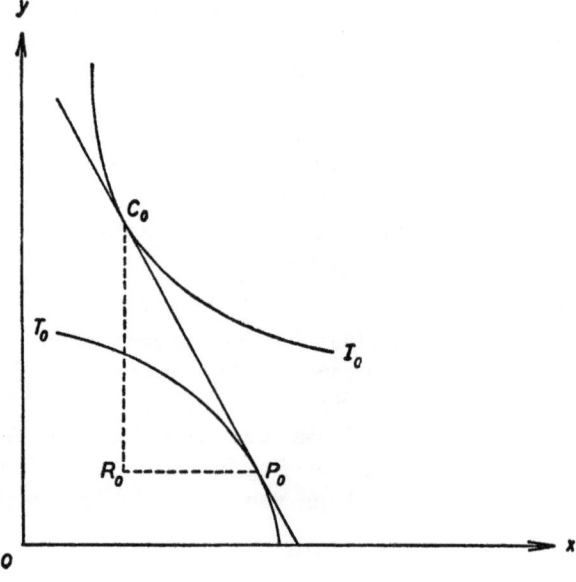

Abbildung 20

2.4. Die Theorie des Verelendungswachstums

I_0 ist die bei der vorliegenden Preisgeraden P_0C_0 (= Terms of Trade) höchste erreichbare gesellschaftliche Indifferenzkurve; T_0 stellt die Kapazität der Wirtschaft in Form einer gesamtwirtschaftlichen Transformationskurve dar. Bei einer Terms of Trade-Linie von P_0C_0 ist C_0R_0 der Import von Y und R_0P_0 der Export von X. Das Wachstum des Output des betrachteten Landes ist nun durch eine Nordostverlagerung der Transformationskurve T_0 zu kennzeichnen. Die ursprüngliche Transformationskurve T_0 ist aus Gründen der Übersichtlichkeit in Abbildung 21 nicht mehr eingezeichnet; die neue Transformationskurve ist T_1.

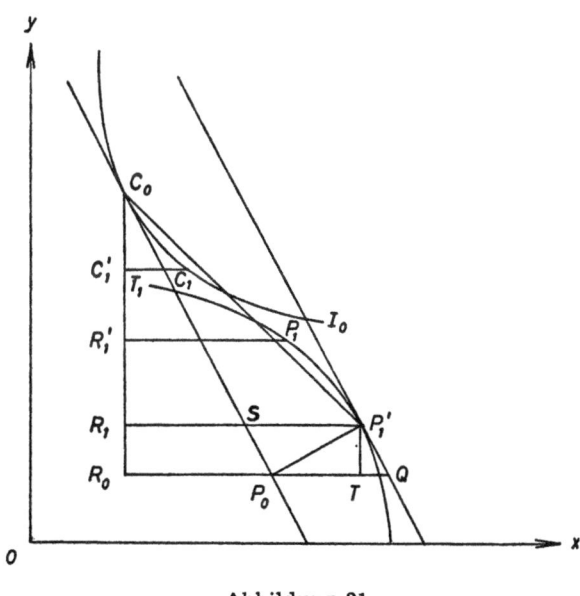

Abbildung 21

Bei konstanten Terms of Trade (P_0C_0 wird parallel verschoben!) ergibt sich P_1' als neuer Produktionspunkt. Es ist ersichtlich, daß nun eine Indifferenzkurve mit höherem Index erreichbar wäre. Annahmegemäß sollen sich die Terms of Trade aber gerade um so viel verschlechtern, daß der Gewinn aus der Expansion wieder verlorengeht. Eine Preislinie, die diese Bedingung erfüllt, wäre durch eine Tangente an die alte

---

[54] Vgl. dazu auch H. G. Johnson, International Trade and Economic Growth, London, 1958, Kap. 3.
[55] Vgl. dazu u. a. C. P. Kindleberger, International Economics, Homewood, Illinois, 1958.
G. M. Meier, International Trade and Development, New York and Evanston, 1963.
M. Byé, Relations économiques internationales, Dalloz, Paris, 1959.
[56] Die Begriffe „Importwaren" und „Exportwaren" sind scharf von „Importen" und „Exporten" zu unterscheiden!

Indifferenzkurve und die neue Transformationskurve gegeben. Sie würde durch die Punkte C_1 und P_1 gehen (nicht eingezeichnet), wobei später angenommen wird, daß C_1P_1 mit $C_0P'_1$ zusammenfällt, was unter der Annahme unendlich kleiner Veränderungen statthaft ist. Das Zusammenwirken von Expansion und angenommener Ausgleichsbewegung der Terms of Trade-Linie läßt die Importnachfrage von ursprünglich C_0R_0 auf $C'_1R'_1$ zurückgehen, ein Vorgang, den Bhagwati als Summe dreier Effekte analysiert:

1. Die Erhöhung der Importwarenproduktion auf Grund der Expansion ($= R_0R_1$).

Der ursprüngliche und der neue Preis werden mit p_0 und p_1 bezeichnet; es sei daran erinnert, daß p_1 als 0-Gewinn-Preis definiert war. Die Preise werden gemessen in Einheiten von Exportwaren, die benötigt werden, um eine Einheit von Importwaren zu kaufen. Die Änderung des gesamten Output zu ursprünlichen Preisen ist dann:

$$P_0T + TQ = P_0Q = SP'_1 \quad \text{und} \quad SP'_1 = \frac{P'_1R_1 - R_1S}{C_0R_1} \cdot C_0R_1 = (p_1 - p_0)C_0R_1$$

Die Änderung der Importwarenproduktion ist ausgedrückt durch

$$R_0R_1 = P'T = \frac{\delta Y}{\delta K} \cdot P_0Q = \frac{\delta Y}{\delta K} \cdot SP'_1,$$

wobei K die inländische Produktionskapazität bezeichnet, die annahmegemäß voll ausgenutzt ist und in Größen von Exportwaren des Output, den das Land zu ursprünglichen Terms of Trade produzieren würde, bemessen wird. Y ist der inländische Output an Importwaren.
Dann gilt:

$$R_0R_1 = C_0R_1 \cdot \frac{\delta Y}{\delta K} \cdot (p_1 - p_0)$$

Bei infinitesimalen Veränderungen kann $C_0R_1 = C_0R_0$ gesetzt werden; C_0R_0 ist aber der ursprüngliche Import (M), so daß

(1) $$R_0R_1 = M \cdot \frac{\delta Y}{\delta K} dp .$$

Die Formel (1) beschreibt die Änderung der Produktion von Importwaren auf Grund der unterstellten Expansion. Der Ausdruck ist normalerweise positiv, was nur bedeutet, daß der Output an Importwaren bei konstanten Terms of Trade steigt.

2. Das Sinken des Verbrauchs von Importwaren auf Grund von Preisänderungen ($= C_0C_1$).

Die Preisänderung von p_0 auf p_1 löst eine Bewegung auf der Indifferenzkurve von C_0 nach C_1 aus, was einem Sinken des Verbrauchs von Importwaren entspricht.

2.4. Die Theorie des Verelendungswachstums

(2) $$C_0 C_1' = -\frac{\delta C}{\delta p} \cdot dp$$

Die Gesamtnachfrage nach Importen wird durch C ausgedrückt.

3. Die Erhöhung der Importwarenproduktion auf Grund von Preisänderungen (= $R_1 R_1'$).

Die Preisänderung verlegt den Punkt der Produktion auf der Transformationskurve nach P_1. Diese Erhöhung der Produktion von Importwaren sei folgendermaßen dargestellt:

(3) $$R_1 R_1' = \frac{\delta Y}{\delta p} \cdot dp$$

Die Summe dieser drei Effekte stellt den Gesamtrückgang der Nachfrage nach Importen dar:

(4) $$\left(M \cdot \frac{\delta Y}{\delta K} + \frac{\delta Y}{\delta p} - \frac{\delta C}{\delta p}\right) \cdot dp$$

Wie oben bei der Vereinfachung der Fragestellung ausgeführt, bemißt dieser Ausdruck das Fallen der Nachfrage nach Importen, wenn der Effekt des realen Wachstums genau ausgeglichen wird durch die Verschlechterung der Terms of Trade. Im anomalen Fall eines Sinkens des Output von Importwaren als Folge der Expansion kann dieser Ausdruck negativ sein, was ein Steigen der Nachfrage nach Importen anzeigen würde.

2.4.3. Formulierung des Verelendungskriteriums

Die Entscheidung darüber, ob nun ein Land tatsächlich schlechter gestellt ist oder nicht, hängt davon ab, was mit der angebotenen Menge von Importen geschieht, wenn die Terms of Trade wie angenommen geändert werden. Die Änderung der Importe als Ergebnis solcher Preisänderung ist wie folgt zu beschreiben:

(5) $$\frac{\delta S_m}{\delta p} \cdot dp$$

Die Summe von (4) und (5) stellt dann das Überschußangebot von Importen zu 0-Gewinn-Terms of Trade dar. Ist sie positiv, so werden sich die Terms of Trade nicht gegen das wachsende Land richten und ihm damit seinen Gewinn aus der Expansion nicht mehr nehmen. Wenn sie negativ ist, muß der Preis für Importe noch weiter steigen, um das Gleichgewicht zu erhalten; das expandierende Land wird dann durch sein Wachstum schlechter gestellt sein. Im Folgenden gibt Bhagwati ein genaues Kriterium für das „zur Verelendung führende" Wachstum.

Die Addition von (4) und (5) ergibt:

$$\left(M \cdot \frac{\delta Y}{\delta K} + \frac{\delta Y}{\delta p} - \frac{\delta C}{\delta p} + \frac{\delta S_m}{\delta p}\right) \cdot dp$$

2. Außenhandel und Entwicklung

Zur Darstellung des algebraischen Kriteriums des Verelendungswachstums wird dieser Ausdruck in folgender Weise umgeformt:

Durch Multiplikation jedes einzelnen Gliedes des obigen Ausdrucks mit

$$\frac{p}{M \cdot dp}$$

läßt sich das Kriterium leicht mithilfe einiger bekannter Elastizitätsbeziehungen formulieren.

1. Die Preiselastizität der Nachfrage nach Importwaren sei

$$E = -\frac{p}{C} \cdot \frac{\delta C}{\delta p};$$

2. Die Preiselastizität des Angebots von Importwaren sei

$$\sigma = \frac{p}{Y} \cdot \frac{\delta Y}{\delta p};$$

3. Die Preiselastizität des Angebots des „Rests der Welt" an das wachsende Land sei

$$r_m = \frac{p}{M} \cdot \frac{\delta S_m}{\delta p},$$

wobei S_m als identisch mit M angesehen wird.

4. Der Ausdruck (1) wird nach Erweiterung mit dem genannten Faktor zu

$$y = p \cdot \frac{\delta Y}{\delta K}.$$

Mit den Größen E, σ, r_m und y ist das Kriterium des „immiserizing growth" in folgender Form zu schreiben:

(6) $$(\frac{C}{M} \cdot E + \frac{Y}{M} \cdot \sigma + y + r_m) < 0$$

Die Quotienten C/M und Y/M ergeben sich als „Reste" aus der Erweiterung des Ausdrucks.

Ungleichung (6) kann auch durch

(7) $$(\frac{C}{M} \cdot E + \frac{Y}{M} \cdot \sigma + y) < -r_m$$

oder durch das äquivalente Kriterium

(8) $$(\frac{C}{M} \cdot E + \frac{Y}{M} \cdot \sigma + y) < 1 - \eta_x$$

ausgedrückt werden, wobei

$$\eta_x = \frac{p}{X} \cdot \frac{\delta X}{\delta p}$$

die Preiselastizität der Nachfrage des „Rests der Welt" nach Importen aus dem wachsenden Land ausdrückt. Der analytische Zusammenhang von r_m und η_x ist in der Außenhandelstheorie[57] exakt nachweisbar; es gilt als anerkannt, daß

$$\eta_x - r_m = 1 \quad \text{oder} \quad 1 - \eta_x = -r_m.$$

2.4.4. Prüfung des Kriteriums

Nach der Darstellung des formellen Kriteriums (8) einer zur „Verelendung" führenden realen Expansion sind die implizierten Annahmen näher zu untersuchen, um anschließend die Frage zu beantworten, wann die Möglichkeit einer „Verelendung" gegeben ist.

Die Elastizität der Nachfrage nach Importwaren in bezug auf eine Preisänderung (E) — bei Verweilen auf der alten Indifferenzkurve —

---

[57] Vgl. dazu u. a. Jacob Viner, Studies in the Theory of International Trade, London, 1955, S. 539.

Der Nachweis des Zusammenhanges ist wie folgt zu führen: X sei die Gesamtmenge an Inlandsgütern, Y die Gesamtmenge an Auslandsgütern; p = Y/X ist dann der Preis für Inlandsgüter, ausgedrückt in Auslandsgütern, 1/p = X/Y ist der Preis für Auslandsgüter, ausgedrückt in Inlandsgütern. Diese Preise können auch als Terms of Trade bezeichnet werden.

Die Preiselastizität des Angebots des Auslandes ist

$$r_m = \frac{dY}{d(\frac{1}{p})} \cdot \frac{\frac{1}{p}}{Y},$$

die der Nachfrage des Auslandes ist

$$\eta_x = \frac{dX}{dp} \cdot \frac{p}{X}.$$

Über p = Y/X ist X durch Y/p auszudrücken.

$$\eta_x = \frac{d(\frac{Y}{p})}{dp} \cdot \frac{p}{\frac{Y}{p}}$$

Die Anwendung der Quotientenregel der Differentialrechnung ergibt:

$$\frac{d(\frac{Y}{p})}{dp} = \frac{(p \cdot \frac{dY}{dp}) - Y}{p^2}$$

$$\frac{d(\frac{Y}{p})}{dp} \cdot \frac{p}{\frac{Y}{p}} = \frac{(p \cdot \frac{dY}{dp}) - Y}{p^2} \cdot \frac{p^2}{Y}$$

$$\eta_x = \left(\frac{dY}{dp} \cdot \frac{p}{Y} - 1\right); \quad \eta_x = r_m - 1$$

Diese Beziehung bedeutet, daß bei einer Nachfrageelastizität von minus 1 die Angebotselastizität 0 sein muß. Für das Verelendungskriterium wird die Form $\eta_x = r_m + 1$ gewählt, wodurch die Nachfrageelastizität absolut ausgedrückt werden kann.

ist bei negativer Formulierung des Elastizitätsausdruckes typischerweise positiv. Die Preiselastizität des Angebots von Importwaren (σ) sei ebenfalls positiv. Welche Werte müssen die in Kriterium (8) beschriebenen Größen nun annehmen, um das „immiserizing growth" nach Bhagwati eintreten zu lassen? Dazu sollen zunächst Y/M und C/M diskutiert werden.

Es gilt die Gleichung

$$C = Y + M,$$

wobei C den Gesamtverbrauch an Importwaren, Y die Inlandsproduktion von Importwaren und M den „Import von Importwaren" bezeichnen. Mit dem daraus gewonnenen Ausdruck

$$\frac{C}{M} = \frac{Y}{M} + 1$$

ist ein direkter Zusammenhang der in Kriterium (8) enthaltenen Quotienten gegeben.

Um die „Verelendungsbedingung" zu erfüllen, muß das Verhältnis von Inlandsproduktion von Importwaren zu getätigten Importen (Y/M) klein sein, was aber bedeutet, daß auch das Verhältnis C/M klein sein muß. Die Elastizität der Nachfrage nach Importwaren (E) muß gering sein, was jedoch in hohem Maße davon abhängt, ob Substitutionsmöglichkeiten bei Steigen der Importgüterpreise vorliegen. Die Angebotselastizität (σ) bei Verlagerung der Produktion entlang der Transformationskurve auf Grund von Preisänderungen muß ebenfalls klein sein. Diese drei Bedingungen sind zusammen noch nicht ausreichend, um das Bhagwati-Kriterium des „immiserizing growth" zu erfüllen. Eine zwingende Möglichkeit zur „Verelendung" ist nur dann gegeben, wenn folgende beiden Bedingungen einzeln oder gemeinsam vorliegen:

a) Die Elastizität des Angebots des „Rests der Welt" (r_m) muß negativ sein, was theoretisch nur so zu konstruieren wäre, daß die Exporte des wachsenden Landes im „Rest der Welt" auf eine atypische Nachfrage treffen. Dieser Extremfall läge zum Beispiel dann vor, wenn das Exportgut als „Giffen-Gut" zu klassifizieren wäre.

Bei Annahme typischer Angebots- und Nachfragefunktionen ist über die Beziehung

$$\eta_x - r_m = 1$$

ein negativer Wert von η_x mit einem positiven Wert für r_m verbunden. Wird jedoch eine atypische Nachfragefunktion unterstellt, so wird r_m negativ.

b) Die durch die Nordostverlagerung der Transformationskurve dargestellte Ausdehnung der Kapazität muß die Inlandsproduktion

2.4. Die Theorie des Verelendungswachstums

von Importwaren bei konstanten relativen Preisen einschränken, das heißt, y muß negativ werden.

Diese letzte Bedingung ist theoretisch nur unter bestimmten vereinfachenden Annahmen erfüllbar. In Anlehnung an die Arbeit von T. M. Rybczynski[58] sei eine Konstruktion gewählt, die zu dem im Bhagwati-Kriterium geforderten negativen y-Wert führt.

Die in der bisherigen Analyse angenommene Expansion, ausgedrückt durch eine Nordostverlagerung der Transformationskurve, soll zu diesem Zweck auf eine Vermehrung des an der Produktion beteiligten Faktors Arbeit zurückzuführen sein. Ziel der Darstellung ist dann der Beweis, daß diese Kapazitätsausweitung unter bestimmten Annahmen zu einer absoluten Produktionseinschränkung eines der beiden betrachteten Güter X und Y — im folgenden Falle des Gutes Y — führen muß. Genau dieser Sachverhalt ist aber die reale Bedeutung eines negativen Wertes für y.

Die beiden Güter X und Y sollen durch Kombination zweier Produktionsfaktoren A und K erstellt werden, wobei X als arbeitsintensives und Y als kapitalintensives Gut angenommen werden. Das Verhältnis A/K wird also bei X größer, bei Y kleiner sein. Die Situation sei mithilfe der bereits verwendeten Technik des Kastendiagramms dargestellt:

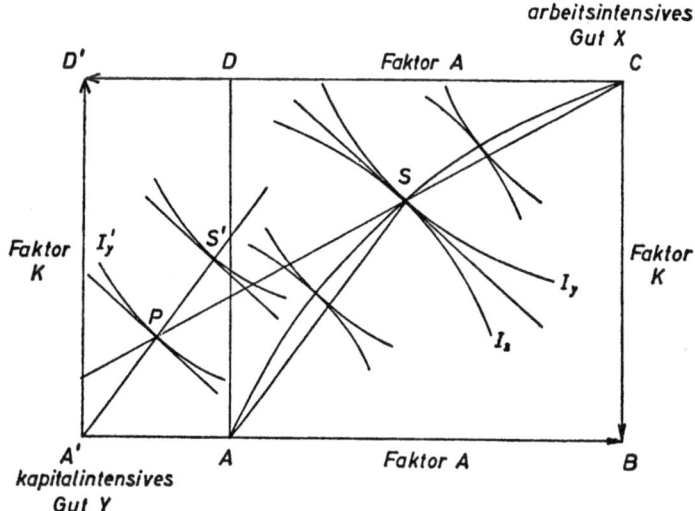

Abbildung 22

---

[58] T. M. Rybczynski, Factor Endowment and Relative Commodity Prices, Economica, November 1955, S. 336—337.

Der Ursprung des Systems für das kapitalintensive Gut sei A, für das arbeitsintensive Gut C. AB beziehungsweise CD bemißt die gesamte, in der Wirtschaft zur Verfügung stehende Arbeitsmenge, AD beziehungsweise CB den gesamten Kapitalbestand. Unter der Annahme der Gültigkeit des Ertragsgesetzes ist die Isoquantenschar für Y (I_Y) konvex zum Ursprung A, diejenige für X (I_X) konvex zum Ursprung C dargestellt. Die Kapitalintensität von Y und die Arbeitsintensität von X kommen in der Wölbung der Kontraktlinie AC nach oben zum Ausdruck, auf der auch der Gleichgewichtspunkt S liegen muß. Die Lage von S sei hier nicht weiter diskutiert.

Die Vermehrung des Faktors A sei durch eine Vergrößerung des Diagramms auf A'B C D' veranschaulicht. Die Isoquantenschar für das Gut X bleibt davon unberührt; diejenige für das Gut Y wird in das neue System mit dem Ursprung A' übertragen. Neben der Gültigkeit des Ertragsgesetzes sei an dieser Stelle die zweite vereinfachende Annahme eingeführt. Es soll unterstellt werden, daß die Produktionsfunktionen beider Güter homogen vom Grade 1 sind, was für die vorliegende Analyse von entscheidender Bedeutung sein wird. Lineare Homogenität der Produktionsfunktionen bedeutet nämlich, daß die Linie AS alle Y-Isoquanten an der Stelle schneidet, an der sie die gleiche Steigung wie im Punkt S haben. Analog schneidet auch CS alle X-Isoquanten an der Stelle, wo sie die gleiche Steigung wie in Punkt S aufweisen. Daraus folgt, daß die parallel zu AS verlaufende Linie A'S' alle für den neuen Ursprung A' geltenden Isoquanten I'_Y ebenfalls an Punkten schneidet, an denen diese neuen Isoquanten die gleiche Steigung haben wie im ursprünglichen Gleichgewichtspunkt S. Durch Verlängerung von CS über S ergibt sich der Schnittpunkt P mit der A'S'-Linie. Aus den oben dargelegten Gründen müssen am Punkt P die Steigungen der sich tangierenden Isoquanten gleich den Steigungen der alten Isoquanten im Punkt S sein, so daß P auf der neuen Kontraktlinie (nicht eingezeichnet) liegen muß. Wird nun auch nach der Vermehrung des Faktors A das gleiche Verhältnis der Substitutionsraten oder der Grenzprodukte unterstellt, so wäre P als neuer Gleichgewichtspunkt anzusehen.

Bei Vorliegen linearer Produktionsfunktionen kann die Menge eines hergestellten Gutes durch die Länge der Strecke vom Ursprung zum realisierten Punkt auf der Isoquante bestimmt werden. Im vorliegenden Beispiel wären dies die Strecken AS und A'P, die die Mengen des Gutes Y vor und nach der Expansion des Faktorangebots bemessen. Es ist klar ersichtlich, das A'P kleiner ist als AS, womit der Beweis erbracht ist, daß die Produktion von Y gefallen und diejenige von X entsprechend gestiegen ist, denn die Strecke CP ist länger als CS.

Unter den einschränkenden Annahmen der Gültigkeit des Ertragsgesetzes und gegebener linear-homogener Produktionsfunktionen liegt damit der theoretische Nachweis vor, daß bei Vermehrung des Faktors Arbeit die Produktion des arbeitsintensiven Produkts zunimmt, während das kapitalintensive Gut in geringeren Mengen hergestellt wird.

Nach diesem Exkurs ist die letzte Bedingung für das „Verelendungskriterium" nach Bhagwati analytisch bestimmt. Der Ausdruck

$$y = p \cdot \frac{\delta Y}{\delta K}$$

wird dann notwendig negativ.

2.5. Würdigung der Modellergebnisse

Es kann nicht Aufgabe dieser Darlegungen sein, die Anwendbarkeit oder praktische Bedeutung eines Modells zu diskutieren. Ein in sich geschlossenes Modell ist als wissenschaftlicher Beitrag dann von Wert, wenn der Ablauf, aufbauend auf den Grundannahmen, in zwingender und konsistenter Gedankenführung dargestellt wird. Auch ist ein Vergleich von Modellergebnissen, die auf Grund verschiedener methodischer Ansätze gewonnen werden, als äußerst problematisch anzusehen und bei streng wissenschaftlicher Haltung eigentlich unzulässig. Dennoch wurden die drei Modelle von Enke, Prebisch und Bhagwati nicht zufällig aneinandergereiht, denn eine tendenzielle Aussage über die Richtung einer Strukturveränderung in den armen Ländern kann mit ihrer Hilfe durchaus gewonnen werden. Der herausfordernde Versuch einer solchen „Kombination" sei im Folgenden unternommen.

Das Konzept Enkes ist dabei nur als eine Art introduktive Analytik aufzufassen, die den Prozeß der Umstrukturierung in einer geschlossenen Wirtschaft beschreibt. Theoretisch relevante Annahmen seiner Analyse sind vor allem die Berücksichtigung bestimmter Nachfrageelastizitäten und die Bedingung funktionsfähiger Mechanismen in der Volkswirtschaft. Seine Modellaussage, daß die Entwicklung des Agrarsektors notwendig zu einer Expansion des Industriesektors führt, ist damit auf das Engste verbunden. Dieses zwingende Element sieht er jedoch völlig außer Kraft gesetzt, sobald eine offene Wirtschaft vorliegt, denn dann, so führt er aus, gingen die „Agrarüberschüsse" in das Ausland, und die Struktur des Entwicklungslandes, das heißt die sektorale Aufteilung der Faktoren, bliebe erhalten.

Der theoretische Schritt von einer geschlossenen zur offenen Wirtschaft ist damit notwendig geworden und verlangt eine grundsätzliche Neufassung der außenhandelstheoretischen Betrachtung. Dieses Anliegen wird mit der historischen Erfahrung begründet, daß das Festhalten am alten Entwicklungskonzept, wie bereits eingangs behandelt, zu einer Vertiefung der Kluft zwischen armen und reichen Ländern führt und gerade nicht, wie von der „neoklassischen" Außenhandelstheorie nach Heckscher und Ohlin angenommen, zu einer Ausgleichsbewegung. Einen Beitrag zur theoretischen Durchdringung dieses Phänomens der „Ausbeutung" bilden die Theorien von Prebisch und Bhagwati.

Vor den Vergleich der beiden Auffassungen sei eine Würdigung des Bhagwati-Kriteriums gestellt, denn der Autor läßt die Frage offen, bei welcher Typik von Ländern dieses sein Kriterium erfüllt sei. Eine Volkswirtschaft, für die die oben beschriebenen Größen Gültigkeit haben, würde bei Expansion ihres Faktorangebots eine reale Verschlechterung hinnehmen müssen, das heißt, sie würde reale Einkommensteile durch eine Verschlechterung der Terms of Trade an die Außenwelt abgeben müssen. Es ist unschwer zu erkennen, daß eine bestimmte Gruppe von Entwicklungsländern, namentlich die stark monokulturell strukturierten Agrarexportländer, das „Verelendungskriterium" erfüllen und damit dem kumulativen Prozeß des „immiserizing growth" anheimfallen. Dieser von Myrdal zwar beschriebene, jedoch unerklärt gebliebene Prozeß würde damit einen außenhandelstheoretischen Beitrag erfahren[59].

Eine Erklärung des prozeßhaften Phänomens der „Verelendung" bestimmter Entwicklungsländer ist auch das Anliegen Prebischs, jedoch löst er sich völlig von der herkömmlichen Analytik der Außenhandelstheorie und argumentiert mit den behandelten Disparitäten der Durchschnittsproduktivitäten und Einkommenselastizitäten der Nachfrage. Damit sind die beiden Lösungswege formell unvergleichbar, obwohl ähnliche Ergebnisse erzielt werden. Der Theoretiker wird die Analyse von Bagwati höher einschätzen, denn sie erfüllt das Postulat der zwingenden Gedankenführung, während in Prebischs Theorie der peripheren Wirtschaft einige Punkte, wie die Einführung des Produktivitäts- beziehungsweise Lohnverhältnisses sowie die „zwingende" Mechanik des Transferprozesses, unklar bleiben. Demgegenüber stellt der Ansatz von Prebisch die dynamischen Aspekte des technischen Fortschritts und des Einkommenswachstums in den Vordergrund, womit seine Theorie einen stärkeren Durchbruch zu modernen Konzepten bedeutet als die Theorie Bhagwatis, die auf dem Boden der komparativ-statischen Fassung der Außenhandelstheorie verbleibt. Daß ein solcher Versuch nicht voll befriedigt, liegt zum großen Teil

---

[59] Es sei darauf hingewiesen, daß die hier verwendete Analytik streng im Rahmen der komparativen Statik bleibt und sich die Ergebnisse deshalb nicht auf dynamische Prozesse übertragen lassen; aus diesem Grunde kann auch nur von einem „Beitrag" gesprochen werden.

2.5. Würdigung der Modellergebnisse

an den ungeeigneten methodischen Hilfsmitteln, derer sich die Theorie zu bedienen gezwungen sieht. Eine Neufassung der Außenhandelsproblematik ist aus diesen Gründen nur mithilfe neuer methodischer Ansätze denkbar, wie sie zum Beispiel mit dem Verfahren der linearen Programmierung vorliegen. Die Lösung des Allokationsproblems in einer offenen Wirtschaft kann mit ihrer Hilfe analog zur Programmierung einer effizienten Produktion in einer geschlossenen Wirtschaft erzielt werden, indem durch Formalisierung und Einführung von Grenzbedingungen anstelle der bislang betrachteten Einperiodeneffizienz eine Optimallösung im Zeitablauf berechnet werden kann[60]. Die herkömmliche Außenhandelstheorie kann die historisch offensichtliche „Mißallokation" der peripheren Faktoren im Zeitablauf nicht erklären, was auch mithilfe der Theorien von Prebisch und Bhagwati nicht gelingen kann. Dennoch kommt ihnen vielleicht das Verdienst zu, die theoretische Darstellung der häufig empirisch belegten Vermutung einer „Verelendung" der Entwicklungsländer zu liefern, ohne daß darin jedoch der anspruchsvolle Versuch einer Neufassung der Außenhandelsbeziehungen zu erblicken wäre.

---

[60] Vgl. u.a. R. Dorfman, P. A. Samuelson, R. M. Solow, Linear Programming and Economic Analysis, McGraw-Hill Book Co., 1958, chap. 12.

3. Schlußfolgerungen

3.1. Wirtschaftspolitische Konsequenzen

3.1.1. Abgrenzung des Problems

Die Schlußbetrachtung der vorliegenden Studie sei einigen wirtschaftspolitischen Folgerungen gewidmet, die sich aus der Gültigkeit des sogenannten Gesetzes der säkularen Verschlechterung der Terms of Trade zwischen Peripherie und Zentrum ergeben würden. Es ist in der Literatur nicht allgemein anerkannt, daß eine derartige Entwicklung gegen die peripheren Länder überhaupt vorliegt, weshalb den Autoren dieser Gesetzmäßigkeit auch häufig die Last des theoretischen Beweises aufgebürdet wird. Als bemerkenswerte Versuche eines solchen Beweises sind nur die bereits erwähnte Arbeit von Atallah, die einen wachstumstheoretischen Beitrag unter Verwendung dynamischer Produktionsfunktionen darstellt, und das behandelte Prebisch-Modell zu nennen. Für die darin gezeigten, strukturell bedingten Transfers von peripheren Realeinkommensteilen in das Zentrum ließe sich — dies sei in Parenthese bemerkt — Rentencharakter konstruieren. Unter Verwendung des in der Theorie seit Marshall gebräuchlichen Rentenbegriffes könnten diese Einkommenstransfers als besondere Form des „consumer's surplus" aufgefaßt werden, sofern die folgende Konstruktion Gültigkeit besitzt: Das Zentrum würde dann eine Konsumentenrente beziehen, wenn es bereit wäre, eine gegebene Menge an Primärerzeugnissen auch zu einem höheren als dem Weltmarktpreis zu importieren. Die Differenz zwischen dem tatsächlichen Preis für die gegebene Menge des peripheren Erzeugnisses und dem maximalen Betrag, den das Zentrum auf Grund seiner Nachfragefunktion hätte ausgeben können, ohne dabei schlechter gestellt zu sein, als wenn es überhaupt keine peripheren Produkte kaufte, könnte danach als Verbraucherrente bezeichnet werden[61].

Die Theorie der dauernden Einkommenstransfers und das damit vorliegende „ungerechtfertigt" größere Wachstum des Zentrums bilden

---

[61] Zur moderneren Analytik des Begriffes „consumer's surplus" vgl. B. F. Haley, Value and Distribution, in: A Survey of Contemporary Economics, Howard S. Ellis Ed., A. E. A., Homewood, Illinois, 1954.

3.1. Wirtschaftspolitische Konsequenzen

die Grundlage für die verschiedensten politischen und ideologischen Anknüpfungen. Insbesondere die Autoren des theoretischen Marxismus stellen dieses Phänomen in den Mittelpunkt ihrer Angriffe auf den Kolonialismus, namentlich in dessen spezifischer Form des ökonomischen Imperialismus. Diese ideologische Auswertung der vorliegenden Ergebnisse kann hier nicht weiter verfolgt werden, jedoch sei der theoretische Ansatz von Kalecki[62] erwähnt, der die Erscheinung der „gesetzmäßigen" Verarmung der Entwicklungsländer zu erkennen glaubt und als Bestandteil der marxistischen Lehre betrachtet. Auf diese Weise, so führt Kalecki aus, sei die vermeintliche Inkompatibilität von marxistischer Verelendungstheorie und nachweisbarer Konstanz der Lohnquote in den reifen kapitalistischen Ländern zu lösen, denn über die Zufälligkeit der nationalen Grenzziehung hinweg sei es der rückständige Teil der Welt, der der Verelendung anheimfalle.

Die Theorien der peripheren Wirtschaft und des zur Verelendung führenden Wachstums sind in der Tat dazu geeignet, eine solche Argumentation mit wissenschaftlicher Grundlegung zu ermöglichen. In der abschließenden wirtschaftspolitischen Betrachtung soll jedoch nur die nicht-kommunistische Lösung Beachtung finden, zumal nur sie die bekannten Alternativen bietet. Auch kann die häufig vertretene Haltung der liberalen Schule hier nicht als theoretisch relevantes Konzept gelten. Die Aussage etwa, daß sich die armen Länder „an ein Zusammenleben mit Terms of Trade-Schwankungen zu gewöhnen hätten" und daß das Problem mit dem Hinweis auf „fehlende Anpassung" hinreichend umschrieben sei, kann dem Theoretiker nicht genügen, insbesondere deshalb nicht, weil die unkontrollierte Allokation erfahrungsgemäß zu den bekannten Nebenerscheinungen geführt hat. Wenn Haberler[63] auf dem Boden der „Neoklassik" die These aufstellt, daß „Handel für ein Entwicklungsland immer besser sei als kein Handel", denn er gelte als Transmissionsband für Kapital, Wissen und Menschen, so wird diese Aussage durch die vorstehenden theoretischen Darlegungen entscheidend eingeschränkt. Ohne das liberale Entwicklungskonzept näher zu untersuchen, seien die strukturell bedingten Terms of Trade-Bewegungen gegen die Peripherie sowie die von Rentabilitätserwägungen gesteuerten Kapitalströme in den peripheren Exportsektor als echte Kritik am Liberalismus genannt. Es kann in diesem Zusammenhang nur angedeutet werden, daß zum Beispiel der

---

[62] M. Kalecki, The Determinants of Distribution of the National Income, Econometrica, 1938, Vol. 6, Number 2, S. 97.
[63] G. Haberler, International Trade and Economic Development, in: Readings in Economic Development, Wadsworth Publishing Company, California, 1963.

Zustrom von Kapital häufig zu der entwicklungspolitisch höchst unerwünschten Erscheinung der Dualökonomie führt[64].

Die wirtschaftspolitischen Hinweise sollen vielmehr eine Reformulierung der theoretischen Ergebnisse in der Sprache des Entwicklungspolitikers darstellen, wobei an die aktuelle Diskussion über den Handel der Entwicklungsländer anzuknüpfen ist. Das Problem sei wie folgt gefaßt: Da das Entwicklungskonzept des „development through trade", also eine Entwicklungspolitik auf der Basis der klassischen Theorie mit konstanten Produktionskapazitäten, abzulehnen ist, muß nach einem Ausweg aus der strukturell bedingten Situation gesucht werden. Hierbei kann die Wanderung von Faktoren in das Zentrum — wie oben behandelt — als praktisch irrelevant ausgeklammert werden. Als folgerichtiges Ziel peripherer Wirtschaftspolitik verbliebe demnach nur die Industrialisierung der Peripherie, worunter etwa nicht eine Abschaffung des historischen Exportsektors, sondern — wie auch in der Theorie Prebischs gefordert — eine neue Verwendung der zusätzlichen Faktoren zu verstehen ist. Der von Prebisch unternommene Versuch einer „Dynamisierung" der klassischen Außenhandelstheorie mit „herkömmlichen Instrumenten" stellt die Allokation zusätzlicher Faktoren als das zentrale Anliegen der Entwicklungspolitik heraus. Nurkses[65] Vorschlag, zu diesem Zweck zwischen bestehendem und zusätzlichem komparativen Vorteil zu unterscheiden, könnte als theoretischer Ansatz gelten, denn trotz eines hohen bestehenden Vorteils ist die Möglichkeit eines marginalen komparativen Vorteils von Null oder kleiner als Null nicht auszuschließen. Dies wäre aber bei Vorliegen des „immiserizing growth" der Fall, so daß in einer offenen Entwicklungswirtschaft das entwicklungspolitische Ziel eindeutig in einer Umstrukturierung des gesamtwirtschaftlichen Output besteht. Unerörtert soll hierbei die Frage bleiben, ob die junge Industrie in der Peripherie Fertigwaren für den Export in das Zentrum oder Güter für den Binnenkonsum erstellen soll, eine Alternative, die theoretisch von höchster Bedeutung ist.

3.1.2. Langfristige und kurzfristige Maßnahmen

Die von Prebisch vorgeschlagenen wirtschaftspolitischen Maßnahmen zur Erreichung dieses langfristigen Zieles sollen abschließend kurz behandelt werden[66]. Zur Verhinderung eines dauernden Transfers von

---

[64] Unerwünscht ist sie z. B. in jenen Fällen, in denen der sich entwickelnde Wirtschaftszweig die Rolle des „leading sectors" im Sinne Rostows oder eines „pôle de croissance" nach Perroux einnehmen soll.
[65] R. Nurkse, Patterns of Trade and Development, Wicksell Lectures 1959, Oxford, 1961.
[66] Vgl. dazu Robert F. Gemmill, Prebisch on Commercial Policy for Less-Developed Countries, The Review of Economics and Statistics, Vol. XLIV, May 1962, Number 2.

3.1. Wirtschaftspolitische Konsequenzen

Produktivitätsgewinnen in das Zentrum ist eine Zuweisung der zusätzlichen Faktoren an den peripheren Industriesektor erforderlich. Der handelspolitische Weg dazu bestünde nach Prebisch in Schutzzöllen, deren Höhe ausreichend ist, um das in Kapitel 2.3.5. analysierte Allokationsgleichgewicht herzustellen. Es ist dies insofern eine Anknüpfung an die „neoklassische" Außenhandelspolitik, als die „Neoklassik" hinsichtlich der Außenhandelsgewinne den analytischen Beweis erbringt, daß ein Land unter den bekannten Modellannahmen durch Restriktionen, namentlich durch Zölle[67], immer gewinnen kann, solange der Handelspartner nicht zu Retorsionsmaßnahmen greift[68]. Unter dem Schutz einer dynamischen Zollpolitik könne der Prozeß einer Umstrukturierung der Peripherie einsetzen; ohne ihn sei die Wirkung der behandelten Disparitäten auf das periphere Wachstum nicht zu mindern. Die Wirksamkeit einer Entwicklungspolitik ist danach hauptsächlich im Hinblick auf die beabsichtigten Struktureffekte zu beurteilen. Ziel aller peripheren Industrialisierungsmaßnahmen, deren Nebenprodukt zum Beispiel in Anreizen zum technischen Fortschritt und in neuer Haltung der Bevölkerung zum Entwicklungsprozeß bestehen kann, ist die Importsubstitution, worunter im Wachstum eine Erhöhung des Anteils von im Inlande produzierten Gütern zu verstehen ist, nicht aber unbedingt ein Sinken des Verhältnisses von Importen zum Volkseinkommen.

Es ist ersichtlich, daß bei Setzung einer auf Strukturveränderungen gerichteten Zielfunktion das Instrument der Abwertung der peripheren Währung nur sehr begrenzt wirksam ist. Prebisch gibt deshalb allen direkten Schutzmaßnahmen, wie Einfuhrzöllen, Exportabgaben und Subventionen, den Vorzug. Der allgemeine Einwand, derartige Schutzmaßnahmen würden häufig zu einem Schild für bestehende Ineffizienz, kann theoretisch durch die Forderung entkräftet werden, daß die Produktivität pro Kopf der peripheren Bevölkerung in beiden Sektoren gleichzeitig gehoben werden müsse, wodurch eine parallele Erhöhung der Löhne im Agrarsektor möglich sei.

Aus aktuellem Anlaß der Genfer Welthandelskonferenz der Vereinten Nationen, deren Generalsekretariat von Raúl Prebisch geführt wird, seien neben der langfristigen, auf strukturelle Veränderungen gerichteten Politik die im Prebisch-Bericht postulierten Sofortmaß-

---

[67] Das hier gemeinte Terms of Trade — Argument der Zölle und das von Prebisch erweiterte Erziehungs- und Schutzargument sind theoretisch zu trennen!
[68] Vgl. u.a. T. de Scitovsky, A Reconsideration of the Theory of Tariffs, Review of Economic Studies, IX, Summer 1942. J. Bhagwati, The Theory of Comparative Advantage in the Context of Underdevelopment and Growth, The Pakistan Development Review, Vol. II, No. 3, Autumn 1962.

nahmen behandelt. In Prebischs Eröffnungsreport, dem die in dieser Studie dargestellten theoretischen Ansätze zugrundeliegen, wird die „alte Ordnung" der Weltwirtschaftsbeziehungen einer scharfen Kritik unterzogen, indem das freie Spiel der Marktkräfte als wohl vertretbar zwischen strukturell ähnlichen Ländern bezeichnet wird, zwischen Peripherie und Zentrum jedoch abgelehnt werden muß. Der Grund dafür liege in der oben behandelten „Lücke" oder Ungleichgewichtssituation in der Einkommensentwicklung dieser beiden Teile der Welt. Die Gültigkeit des Gesetzes der säkularen Terms of Trade-Verschlechterung führe zu „ungerechtfertigten" Einkommenstransfers in das Zentrum, die nur langfristig mithilfe der behandelten Maßnahmen zu beseitigen seien. Die folgerichtige kurzfristige Forderung aus dieser Erkenntnis wäre eine Art internationaler Einkommensredistribution, deren theoretischer Baugedanke von Prebisch wie folgt formuliert wird: Die von der Terms of Trade-Entwicklung begünstigten reifen Länder sollen den ihnen zuwachsenden „ungerechtfertigten" Einkommensteil in einen zu schaffenden Ausgleichsfonds zahlen, aus dem ein Einkommensrücktransfer in die benachteiligten Entwicklungsländer vorzunehmen sei[69]. Während die Zahlungen in den Fonds einer quasi-automatischen Regelung folgen müßten, wäre jede Zahlung aus dem Fonds auf Projektwürdigkeit, das heißt auf den Struktureffekt zu prüfen, nicht hingegen — wie von den bereits bestehenden Institutionen — auf Rentabilität, die nur den status quo erhalten würde.

Die theoretische Konzeption eines Rücktransfers wird sich als eine praktisch schwer durchführbare Maßnahme erweisen, da die statistischen Unsicherheiten und die in Kapitel 2.3.7. angezweifelte zahlenmäßige Aussagekraft des verwendeten Terms of Trade-Konzeptes die Berechnung eines „Gewinnindex" fast unmöglich machen. Das Prebisch-Programm enthält deshalb konkrete, institutionell zu bewältigende Vorschläge, die das Prinzip der internationalen Einkommensredistribution ersetzen oder auf indirekte Weise verwirklichen sollen. Es sind dies die bekannten Forderungen einer wirksamen Stabilisierung der Erlöse aus den peripheren Agrarexporten[70], einer Förderung der peripheren Fertigwarenexporte und eines erweiterten Auslandshilfe-

---

[69] Nach einer Statistik des „Economist" vom 25. Januar 1964, The Non-Kennedy Round, S. 323, verteilen sich die „Gewinne" der Industrieländer von 1953—63 wie folgt: Bundesrepublik Deutschland 21 vH, England 14 vH, USA 12 vH, Frankreich 2 vH, Italien 1 vH, Schweden — 2 vH (Gesamtgewinn 1953—63 = 100).
[70] Vgl. dazu N. Kaldor, Stabilizing the Terms of Trade of Underdeveloped Countries, in Economic Bulletin for Latin America, Vol. VIII, No. 1, March 1963.
Kyklos, The Quest for Stabilization Policy in Primary Producing Countries, A Symposium, Vol. XI, 1958.

programmes. Daß der Prebisch-Vorschlag in Genf keine allseitige Zustimmung fand, ist größtenteils auf die zu geringe Berücksichtigung des Eigeninteresses der Hauptindustrieländer zurückzuführen. Hinsichtlich der vorliegenden Problematik ist er insofern nicht zufriedenstellend, als er die Gefahr birgt, die gegenwärtige Handelsstruktur zu konservieren.

3.2. Antwort auf die einleitende Frage

Die Theorie der peripheren Wirtschaft nach Raúl Prebisch und die Kritik an der allgemeinen Theorie des internationalen Handels ermöglichen eine Antwort auf die einleitende Frage, ob der Entwicklungsprozeß dem spontanen Element, das heißt dem freien Spiel der Marktkräfte überlassen werden könne oder vielmehr eine institutionelle Planung des Prozesses notwendig sei. Am Modell der als stark außenhandelsabhängig angenommenen peripheren Entwicklungswirtschaft wurde demonstriert, daß unter den getroffenen Annahmen eine spontane Faktorallokation zu Verlusten führen kann, während eine dem formulierten Gleichgewichtskriterium entsprechende gesteuerte Aufteilung der Faktoren unter der Nebenbedingung der Vollbeschäftigung zum Einkommensmaximum ohne Verlust „nach außen" führt. Dieses Modellergebnis könnte als Grundlage für die Forderung nach einer geplanten Entwicklung gelten, zumal die historische Erfahrung gleichartige Aussagen ermöglicht. Sieht die Wirtschaftspolitik die Faktorallokation in Entwicklungsländern als das zentrale Problem an, so muß in der Tat für eine offene Wirtschaft der Marktmechanismus als nicht zuverlässig zur Maximierung des Volkseinkommens abgelehnt werden. Hieraus allerdings eine ideologische Haltung zur Frage „Planung oder Spontaneität" der Entwicklung abzuleiten, würde Prebisch entschieden ablehnen. In seiner Rede anläßlich des Lateinamerika-Wirtschaftstages 1962 in Hannover warnt er vor jeglichem Ordnungsdenken[71] in den armen Ländern, insbesondere vor der Imitation der als erfolgreich angesehenen Wirtschaftsordnungen reifer Länder. Unter Berufung auf einen Gedanken der Charta von Punta del Este erscheint ihm die Planung der wirtschaftlichen Entwicklung nach wissenschaftlichen Erkenntnissen unerläßlich, nicht etwa, wie er ausführt, in Form einer zentralisierten Kontrolle der Wirtschaft oder totalitären Einmischung des Staates, sondern mittels klarer Ziele und Prioritäten für die wirtschaftliche und soziale Entwicklung. Die Auffassung

---

[71] Prebisch meint mit Ordnungsdenken offenbar die für ihn im gegenwärtigen Stadium müßige Diskussion über die von Entwicklungsländern anzustrebende Wirtschaftsordnung.

3. Schlußfolgerungen

Prebischs als Wirtschaftspolitiker zur Frage der Wirtschaftsordnung in Entwicklungsländern sei mit folgendem Zitat aus seiner Rede charakterisiert:[72]

„Cuando hay capital escaso y nos encontramos con una tecnología moderna elaborada con el designio de economizar mano de obra, y cuando tenemos que absorber esa tecnología en países como los nuestros de capital escaso y abundancia de mano de obra, se plantea un grave problema que sólo puede resolverse mediante una planificación ordenada".

---

[72] „Wenn nur wenig Kapital vorhanden ist und wir einer modernen, auf Einsparung von Arbeitskraft ausgerichteten Technik gegenüberstehen und wenn wir diese Technik in solche Länder einführen sollen, die wie die unseren kapitalschwach sind und dabei reichlich Arbeitskräfte haben, dann ergibt sich ein ernstes Problem, das nur durch geordnete Planung zu lösen ist."

Literaturverzeichnis

Selbständige Werke:

Atallah, M. K.: The Terms of Trade Between Agricultural and Industrial Products, Netherlands Economic Institute, Rotterdam, 1958.

Byé, M.: Relations économiques internationales, Dalloz, Paris, 1959.

Caves, R. E.: Trade and Economic Structure, Models and Methods, Harvard University Press, Cambridge/Mass., 1960.

Dorfman, R., *Samuelson,* P. A., *Solow,* R. M.: Linear Programming and Economic Analysis, McGraw-Hill Book Co., 1958.

Ellis, H. S. and *Wallich,* H. D., Ed.: Economic Development for Latin America, Proceedings of a Conference Held by the International Economic Association, New York, St. Martin's Press, 1961.

Enke, S.: Economics for Development, Prentice-Hall, Inc., Englewood Cliffs, N. J., 1963.

Haberler, G.: The Theory of International Trade, London, 1954.

Harrod, R. and *Hague,* D. C., Ed.: Some Recent Trends in the Pure Theory of International Trade, Proceedings of a Conference Held by the International Economic Association, London, 1963.

Higgins, B.: Economic Development, London, 1959.

Hirschman, A. O.: National Power and the Structure of Foreign Trade, University of California Press, 1945.

Johnson, H. G.: International Trade and Economic Growth, London, 1958.

Kindleberger, C. P.: International Economics, Homewood, Illinois, 1958.
— The Terms of Trade, A European Case Study, New York, 1956.
— Foreign Trade and the National Economy, Yale University Press, New Haven and London, 1962.

Meier, G. M.: International Trade and Development, New York and Evanston, 1963.

Moret, M.: L'échange international, Paris, 1957.

Myrdal, G.: An International Economy, New York, 1956.
— Economic Theory and Underdeveloped Regions, London, 1957.

Nurkse, R.: Patterns of Trade and Development, Wicksell-Lectures 1959, Oxford, 1961.

Ohlin, B.: Inter-Regional and International Trade, Harvard University Press, 1933.

Perroux, F.: L'économie du XXe siècle, Presses Universitaires de France, Paris, 1961.

Rostow, W. W.: The Stages of Economic Growth, Cambridge University Press, 1960.

Kumar Sen, A.: Choice of Techniques, An Aspect of the Theory of Planned Economic Development, Oxford, 1960.

Shonfield, A.: The Attack on World Poverty, New York, 1960.

Taussig, F. W.: Theorie der internationalen Wirtschaftsbeziehungen, Leipzig, 1929.

United Nations: Relative Prices of Exports and Imports of Underdeveloped Countries, U.N. 1949. II. B. 3.

— Post War Price Relations in Trade between Underdeveloped and Industrialized Countries, E/Cn. 1/S.3/W.5.

— Towards a New Trade Policy for Development, Report by the Secretary-General of the United Nations Conference on Trade and Development, U.N., New York, 1964.

Vanek, J.: International Trade Theory and Economic Policy, Homewood, Illinois, 1962.

Viner, J.: Studies in the Theory of International Trade, London, 1955.

— International Trade and Economic Development, Oxford, 1953.

Aufsätze in Zeitschriften und Sammelbänden:

Alemann, R. T.: Die Theorie der peripheren Wirtschaft, Weltwirtschaftliches Archiv, Bd. 74, 1955 I.

Baer, W.: The Economics of Prebisch and ECLA, Economic Development and Cultural Change, Bd. 10, 1962.

Bhagwati, J.: Immiserizing Growth: A Geometrical Note, Review of Economic Studies, Vol. XXV, No. 3, June 1958.

— The Theory of Comparative Advantage in the Context of Underdevelopment and Growth, The Pakistan Development Review, Vol. II, No. 3, Autumn 1962.

Bhagwati, J. and *Ramaswami*, V. K.: Domestic Distorsions, Tariffs and the Theory of Optimum Subsidy, The Journal of Political Economy, Vol. LXXI, February 1963, No. 1.

Douglas, P. H. and *Cobb*, C. W.: A Theory of Production, American Economic Review, Suppl., 1928.

Durand, D.: Some Thoughts on Marginal Productivity with Special Reference to Prof. Douglas' Analysis, Journal of Political Economy, Vol. XLV, 1937.

The Economist: The Non-Kennedy Round, 25. Januar 1964.

— Undevelopment, The Geneva Marathon Starts, 21. März 1964.

Enke, S.: Food Constraints on Industrial Development in Poor Countries, The Southern Economic Journal, Vol. 27, 1960/61.

— Industrialization through Greater Productivity in Agriculture, The Review of Economics and Statistics, Vol. XLIV, February 1962.

Ford, J. L.: The Ohlin-Heckscher Theory of the Basis of Commodity Trade, The Economic Journal, Vol. LXXIII, September 1963.

Gemmill, R. F.: Prebisch on Commercial Policy for Less-Developed Countries, The Review of Economics and Statistics, Vol. XLIV, May 1962, No. 2.

Gutman, G. O. and *Black*, J.: A Note on Economic Development with Subsistence Agriculture, Oxford Economic Papers, IX, No. 3, October 1957.

Haberler, G.: Das reale Austauschverhältnis und die wirtschaftliche Entwicklung, Zeitschrift für Nationalökonomie, 18/1958.

— International Trade and Economic Development, Readings in Economic Development, Wadsworth Publishing Co., California, 1963.

Hagen, E. E.: An Economic Justification of Protection, The Quarterly Journal of Economics, Vol. LXXII, 1958.

Haley, B. F.: Value and Distribution, A Survey of Contemporary Economics, H. S. Ellis Ed., A. E. A., Homewood, Illinois, 1954.

Heckscher, E.: The Effect of Foreign Trade on the Distribution of Income, Readings in the Theory of International Trade, A. E. A., Philadelphia and Toronto, 1950.

Hicks, J. R.: An Inaugural Lecture, Oxford Economic Papers, N. S., V, June 1953.

Higgins, B.: Latin American Development, A Review, Economic Development and Cultural Change, Vol. XI, No. 4, July 1963.

Kaldor, N.: Stabilizing the Terms of Trade of Underdeveloped Countries, Economic Bulletin for Latin America, Vol. VIII, No. 1, March 1963.

Kalecki, M.: The Determinants of Distribution of the National Income, Econometrica, 1938, Vol. 6, No. 2.

Kyklos: The Quest for Stabilization Policy in Primary Producing Countries, A Symposium, Vol. XI, 1958.

Leontief, W. W.: Domestic Production and Foreign Trade: The American Capital Position Re-examined, Economia Internazionale, 7, 1954.

Lewis, W. A.: World Production, Prices and Trade, 1870—1960, The Manchester School of Economic and Social Studies, Vol. XX, No. 2, May 1952.

Morgan, T.: The Long-Run Terms of Trade Between Agriculture and Manufacturing, Economic Development and Cultural Change, October 1959.

Myint, H.: The „Classical Theory" of International Trade and the Underdeveloped Countries, The Economic Journal, June 1958.

Nicholls, W. H.: An „Agricultural Surplus" as a Factor of Economic Development, The Journal of Political Economy, Vol. LXXI, February 1963, No. 1.

Perroux, F.: Une théorie de l'économie dominante, Economie appliquée, Archives de l'ISEA, avril-septembre 1948, nos 2—3.

Prebisch, R.: The Economic Development of Latin America and Its Principal Problems, Economic Bulletin for Latin America, ECLA, U.N., Vol. VII, February 1962.

— Commercial Policy in the Underdeveloped Countries, American Economic Review, May 1959.

Robertson, D. H.: The Future of International Trade, Readings in the Theory of International Trade, A. E. A., Philadelphia, 1949.

Robinson, R.: Factor Proportions and Comparative Advantage, Quarterly Journal of Economics, May and August 1956.

Rybczynski, T. M.: Factor Endowment and Relative Commodity Prices, Economica, November 1955.

Samuelson, P. A.: International Trade and the Equalization of Factor Prices, The Economic Journal, 1948.

Scitovsky, T.: A Reconsideration of the Theory of Tariffs, Review of Economic Studies, IX, Summer 1942.

Singer, H. W.: The Distribution of Gains Between Investing and Borrowing Countries, American Economic Review, May 1951.

Staehle, H.: Some Notes on the Terms of Trade, International Social Science Bulletin, UNESCO, Spring 1951, Vol. III, No. 1.

Printed by Libri Plureos GmbH
in Hamburg, Germany